# Landerlebnis Eifel

von

Loni Liebermann

# Inhalt

# Landerlebnis Eifel

von

Loni Liebermann

# Inhalt

Der Rotmilan ist der größte Greifvogel der Eifel und hat, neben der Wildkatze, den Status eines inoffiziellen Wappentieres. Wer in der Eifel unterwegs ist, stößt zwangsläufig auf ihn, und in diesem Buch begleitet er Sie durch alle Kapitel.

# Die Jahreszeiten
## Highlights – wann und wo

### Endlich Frühling!

Damit der Frühling kommen kann muss zunächst der Winter ausgetrieben werden – eine wichtige Aufgabe des Karnevals. Ein bundesweit einmaliger Karnevalsbrauch ist der Blankenheimer Geisterzug. Die typische Maskierung der Geister besteht aus einem weißen Betttuch, bei dem die Ohren mit einer Schnur abgebunden werden. Ein Schal wird um den Hals gewickelt und jeder Geist trägt eine Fackel. So hüpfen und tanzen die Geister dann durch den verdunkelten Ort. Der Umzug findet jährlich am Karnevalssamstag statt und startet um 19:11 Uhr.

In Malmedy wird der Karneval Cwarmê genannt und ebenfalls auf besondere Weise gefeiert. Der große Umzug am Sonntag ist der Höhepunkt des Straßenkarnevals. 1.500 Personen ziehen mit den charakteristischen Masken und Kostümen des wallonischen Karnevals durch das Städtchen.

Beginnt die **Narzissenblüte** in der Eifel, ist klar, dass jetzt auch hier der Frühling einzieht. Die ersten wilden Narzissen blühen am nordwestlichen Rand der Eifel, südlich von Kelmis in einem Buchenwald, dem Staatsforst Hohnbach, oben auf der Anhöhe und am Abhang zum Lontzener Bach (auch Hohnbach genannt). Die Narzissenwiesen der Nordeifel und der östlichen Ardennen folgen etwas später, da sie deutlich höher gelegen sind. Die Blütezeit liegt zwischen Ende März und Anfang Mai. Berühmt für ihre gelbe Pracht sind die Wiesen im Perlenbachtal (Monschau-Höfen), im

*Geisterzug in Blankenheim*

*Ginsterblüte auf der Dreiborner Hochfläche*

Oleftal (Hellenthal Hollerath) und im Holzwarchetal (Naturlehrpfad Mausheck, nördlich von Bütgenbach). Ausführliche Informationen finden Sie auf der Webseite von „Nationalpark-Tor Höfen“. nationalpark-eifel.de

Was macht die Narzissen der Eifel und Ardennen so besonders? Warum fahren so viele Menschen dorthin? Schließlich werden die Frühlingsboten überall entlang den Straßen, in Parks und Gärten angepflanzt. Sie blühen dort zuallererst und bieten mit dem frischen Grün des kurz gemähten Rasens ein wirklich schönes Farbspiel. In der freien Natur hingegen werden die typischen Narzissenwiesen nur einmal jährlich gemäht und sind deshalb zur Narzissenblüte noch winterlich braun. Diese Narzissen wachsen in abgelegenen Gebieten – übrigens ein Grund, warum sie erhalten blieben – und eine Wanderung durch die winterbraune Landschaft ist für Manche eine harte Geduldsprobe. Es ist nichts, auf das man mal schnell einen Blick wirft, man muss sich den Anblick „erarbeiten“. Vielleicht macht genau das den besonderen Reiz aus. Wie auch immer, die Anstrengung lohnt sich! Eine Wanderung zu den Narzissen ist für viele zu einem Frühlingsritual geworden.

Eine kleine Warnung muss leider sein: die Parkplätze sind an den Wochenenden oft überfüllt.

**Tipp:** Die belgische Naturschutzorganisation Natagora veranstaltet im April ein Narzissenfest bei der Enkelberger Mühle (Holzwarchetal bei Rocherath/Mürringen).

Ein weiteres besonderes Frühlingserlebnis ist die Blüte der **Küchenschellen**, auch Kuhschellen genannt. Zwei größere Vorkommen gibt es in der Eifel: zwischen Marmagen, Wahlen und Kloster Steinfeld, auf dem westlichen Hang des Gillesbachtals und bei Bürvenich (siehe Artikel über den Kalkmagerrasen). Die Blütezeit ist recht kurz und beginnt ab März. Ein Anhaltspunkt: sie blühen etwa zur gleichen Zeit, wie die Schlehenbüsche.

Es gibt viele **lokale Osterbräuche in der Eifel**. Sie haben oft Verbindungen zu vorchristlichen Feiern. Eier spielen dabei eine wichtige Rolle (siehe Artikel zum Schönecker Eierlauf). Zwischen Gründonnerstag und dem Abend des Ostersamstags wird in manchen Dörfern „geklappert“, auch Osterfeuer werden entfacht, z.B. in Neuenahr oder Heimbach. Auf Burg Satzvey findet am Ostersonntag und –montag ein Ostermarkt statt.

Ostern wird natürlich auch in den Kirchen der Eifel gefeiert. Vielleicht ist das eine Gelegenheit, um an einer Messe in einer der berühmten Klosterkirchen teilzunehmen, z.B. in der Benediktiner-Abtei Maria Laach oder in der Basilika von Kloster Steinfeld. Zwar überwiegt der katholische Glaube in der Eifel, doch es gibt auch eine herausragende evangelische Kirche, die Erlöserkirche in Gerolstein, in der Millionen von Mosaiksteinen den Innenraum der 1913 erbauten Kirche zum Leuchten bringen. Im Mai bekommen endlich die Buchen ihr frisches Laub. Besonders im Gegenlicht leuchtet es wunderbar. Übrigens orientiert sich der genormte Farbton Maigrün an der Farbe der frischen Birken- und Buchenblätter im Mai. Ein guter Monat für einen Ausflug in die weiten Buchenwälder des Nationalparks Eifel!

*Küchenschellen bei Marmagen*

*Narzissenblüte im Perlenbachtal*

# Sommerfeeling

Im Juni blühen die **wilden Orchideen der Eifel**. Sie lieben magere, kalkhaltige Böden und die meisten Sorten brauchen viel Licht. Der Süden der Eifel zählt zu den an Orchideen reichsten Gebieten Deutschlands. Das Naturparkzentrum Teufelsschlucht bietet Führungen mit fachkundigen Rangern an.
Die Kalkkuppen von Bad Münstereifel-Eschweiler mit dem Eschweiler Tal sind ebenfalls bekannt für ihren Orchideenreichtum, ebenso der Hönselberg bei Niederehe, das Seidenbachtal südlich von Blankenheimerdorf oder die Wacholderschutzgebiete rund um Alendorf.

*Hummel-Ragwurz*

Abkühlung im **Hochsommer** ist auf verschiedene Weise erreichbar. Die naheliegende Lösung ist zu baden. Das Angebot an Frei- und Erlebnisbädern ist groß – zu groß, um alle aufzuzählen. Deshalb werden hier nur einige Badegelegenheiten in Seen vorgestellt:

- Badesee bei Düren-Echtz,
- Badesee Gürzenich bei Düren,
- Badestrand Wassersportsee Zülpich,
- Naturfreibad am Rurseezentrum, Rurberg,
- Freibad-Sonnenstrand Eschauel, Rurstausee,
- Naturerlebnisbad Einruhr,
- Badebucht Woffelsbach, Rursee,
- Waldfreibad Steinbachtalsperre bei Euskirchen-Kirchheim,
- Freilinger See bei Blankenheim,
- Waldsee Rieden,
- Krufter Waldsee,
- Kronenburger See mit Badebereich
- Naturfreibäder in Maaren: im Gemündener Maar, Meerfelder Maar, Pulvermaar, Schalkenmehrener Maar und die Badestelle des Camping-Platzes Laacher See

Sobald man an einem heißen Tag einen Wald betritt, wird man von einer angenehmen Kühle empfangen. Tatsächlich ist die Temperatur hier im Vergleich zur Umgebung um etwa 4 Grad niedriger. Warum also nicht ein erfrischendes „Bad" in der Waldluft nehmen? **Waldbaden** oder Shinrin-yoku ist inzwischen eine viel gelobte Methode der Naturheilkunde. Der Kern der Methode besteht darin, den eigenen Rhythmus zu verlangsamen, die Sinne für Gefühlseindrücke zu öffnen und innere Ruhe einkehren zu lassen. Klingt einfach, doch wer ein wenig Meditationserfahrung hat, weiß, dass es dann erst mal im Kopf sehr laut wird. Das Besondere am Waldbaden ist, dass die Geräusche, die Farben des Waldes und der Wind sehr angenehme, dynamische Eindrücke erzeugen, eine Art „lauter" Stille. Eigene Gedanken, Erwartungen, Bewertungen treten dadurch leichter in den Hintergrund.

*Schattiger Wald – bestens geeignet zum Waldbaden*

*Die 9. Etappe des Eifelsteigs führt vorbei an der Mühlsteinhöhle des Vulkankegels Rother Kopf*

Eine weitere Möglichkeit, der Hitze zu entfliehen sind **Höhlen und Bergwerke**! Es gibt nur wenige natürliche Höhlen in der Eifel. Einige von ihnen entstanden durch menschliche Einwirkungen und sind damit im engeren Sinn keine echten Höhlen, sondern ehemalige Bergwerke und Stollen.

Für alle Höhlen und Bergwerke gilt: warme Kleidung und feste Schuhe mitbringen! Für die frei zugänglichen Höhlen braucht man eine Taschenlampe.

Hier sind zwei Vorschläge zu frei begehbaren Höhlen, die durch den Abbau von Mühlsteinen entstanden:
In den **Birresborner Eishöhlen** (südlich von Gerolstein) steigt auch in heißen Sommern die Temperatur nicht über 7 Grad. Der Wanderweg „Birresborner Eishöhlen" (ca. 4,5 km) führt ab Birresheim Ortsmitte oder Bahnhof Birresheim zu den Eishöhlen.

Die **Eis- und Mühlsteinhöhlen bei Hohenfels-Essingen**, (8 km nordöstlich von Gerolstein, an der B410)
Von der Bundestraße B410 aus (Hauptverbindung zwischen Daun und Gerolstein) ist der Weg zu den Höhlen ausgeschildert, ebenso der Parkplatz bei den Höhlen. Rundweg: ca. 3,3 km mit Wegmarkierung (braunes G auf weißem Grund)
T. 0 6591 13 3000

Die **Lavakeller in Mendig** liegen etwa 30 m unter der Stadt und erstrecken sich über eine Fläche von 3 km². Früher wurde hier Basalt für Mühlsteine abgebaut und später nutzte man sie als Gär- und Lagerkeller für Bier. Führung kann man buchen über Lava-Dome (Brauerstraße 1, Mendig, T. 02652 9399222). stadt-mendig.de

Im **Bergwerk Mühlenberger Stollen bei Bleialf** wurde früher Bleierz gefördert. Führungen können im Besucherbergwerk (Hamburg 1, Bleialf, T. 06555 1227) gebucht werden.
besucherbergwerk.bleialf.org

**Schieferstollen und Blausteinmuseum in Recht** bei St. Vith: der Rechter Blaustein war zwar nicht für Dachschiefer geeignet, da man ihn nicht dünn genug spalten konnte, war jedoch über die Landesgrenzen hinaus z.B. für Grabsteine und Fensterlaibungen begehrt (VoG Schieferstollen Recht, Zum Schieferstollen 31, Recht/St.Vith, Belgien, T. +32(0)80 57 00 67). schieferstollen-recht.be

**Grube Wohlfahrt bei Hellenthal** – hier wurde von 1543-1940 Blei abgebaut. Mit Führung kann der Stollen auf einer Strecke von 900 m besichtigt werden (Aufbereitung II 1, Hellenthal, T. 02448 911140 ). grubewohlfahrt.de

Im August, gegen Ende des Sommers blüht es in den **Heidelandschaften der Eifel**, z.B. in der Schavener Heide (siehe Artikel Biotope/Schavener Heide) oder auch im Naturschutzgebiet Drover Heide südlich von Düren.

*Die Besenheide, Calluna vulgaris, blüht im August*

# Der Herbst von seiner schönsten Seite

Das absolute Ausflugs-Highlight für Oktober und November war immer das Ahrtal. Die Bilder vom Hochwasser im Ahrtal von 2021 haben sich jedoch tief in unserem Gedächtnis eingebrannt. Es wird sicher noch Jahre dauern, bis die touristische Infrastruktur wiederhergestellt ist. Dennoch sind zahlreiche Wanderwege unbeschädigt, so zum Beispiel der wunderschöne **Rotweinwanderweg**. Er verläuft oberhalb der Talsohle an einem von der Sonne verwöhnten, nach Süden geneigten Hang. Viele, am Hang gelegenen Unterkünfte sind unbeschädigt und Winzer, Einzelhändler und Gastronomiebetriebe haben Alternativen entwickelt. Mit einem Besuch im Ahrtal können Sie die Menschen vor Ort unterstützen!

Den aktuellen Stand der Möglichkeiten finden Sie hier:
ahrtal.de

*Rotweinwanderweg*

Mitte September beginnt die **Brunftzeit der Hirsche**. Von der Hirschbeobachtungsstation in Dreiborn aus kann man in der Abend- und Morgendämmerung die Hirsche auf der Dreiborner Hochfläche beobachten (siehe Artikel „Wenn die Dreiborner Hochfläche zur Kampfarena wird").

Wenn der Herbst zu Ende geht und die meisten Bäume bereits ihr Laub abgeworfen haben, bieten die **Buchenwälder des Nationalparks Eifel** ein beeindruckendes Farbspiel von gelb bis rotbraun.

Das **Monschauer Heckenland** ist bekannt für eine ganz spezielle Heckenkultur auf der Basis von Rotbuchen. Durch Verflechten der Zweige werden bis zu 9 m hohe Haushecken gezüchtet. Die Haushecken werden traditionell im Sommer geschnitten. Dadurch wird ein zweiter Austrieb angeregt und die Pflanzen behalten dadurch das Laub bis zum Frühjahr. So schützen sie die Häuser gut vor den scharfen, kalten Winterwinden. Der Höfener Heckenweg startet beim Naturparkzentrum in Monschau-Höfen und führt vorbei an den schönsten Haushecken des Ortes.

Besonders schön sind die Flurhecken rund um Eicherscheid. Startpunkt für den ausgeschilderten Flurheckenweg ist die Kirche St. Lucia in Simmerath-Eicherscheid.

*Flurhecken in Eicherscheid*

*Die typischen Haushecken aus Rotbuchen, hier in Höfen*

# Winterfreuden

Am ersten Wochenende im November findet der **Rursee-Marathon** statt. Er ist nach dem **Monschau-Marathon** der zweitgrößte Marathon in der Eifel. Zum Programm gehören neben dem 42,2-km-Lauf ein 16,5-km-Lauf und ein 5-km-Lauf, **Walking/Nordic** mit 16,5 km und ein **Kinderlauf**.

Während Schnee und Eis keine zuverlässigen Begleiter des Winters sind, ist auf das Weihnachtsfest Verlass. **Weihnachtsmärkte** sorgen für die richtige Einstimmung auf das Fest. Besonders stimmungsvoll sind die kleineren Märkte in Burgen (siehe Artikel). Empfehlenswert ist auch der Monschauer Weihnachtsmarkt, der perfekt zu dem mittelalterlichen Ortskern passt. Er ist an allen 4 Adventwochenenden freitags und samstags von 11 – 21 Uhr und sonntags von 11 – 20 Uhr geöffnet. Parkplätze mit Shuttle-Bussen sind ausgewiesen. Für Interessierte bietet die ehemalige **Zisterzienser-Abtei in Himmerod** an Weihnachten und Neujahr Übernachtungen mit Vollpension an.

Als **Wintersportgebiete** mit Skipisten sind vor allem die höheren Regionen der Eifel und Ardennen bekannt: die Hohe Acht (747m), die Region um den „Weißen Stein" (690m, bei Hellenthal) und das belgische Skigebiet bei Ovifat (600m). Gespurte Langlaufloipen gibt es auch im Hohen Venn, die Ausrüstung kann z.B. im Naturzentrum Haus Ternell ausgeliehen werden, ebenso beim Naturparkzentrum Botrange.

Allerdings haben an den Wochenenden mit Schnee sehr viele Leute die Idee, in die Eifel zu fahren. Die Parkplätze sind dann entsprechend früh voll belegt. Ja, der Frühling lässt in den höheren Lagen der Eifel lange auf sich warten. Dennoch hat auch diese Zeit ihre Schönheit. So ist das Pfeifengras im Hohen Venn „gekämmt" von den harschen Winden des Winters. Ausgeblichen von Sonne und Regen wirkt es wie ein schützendes, braunes Fell auf dem Moorboden.

Veranstaltungstipps zu jeder Jahreszeit unter:
eifel.info

*Winterliches Pfeifengras im Brackvenn*

*Es ist nun die ideale Zeit für eine Wanderung mit Lamas. Sie lieben den Winter!*

# Entspannt wandern
## auf markierten Wegen

### Endlich Wochenende!

Das Wetter ist super und jetzt nichts wie raus. Region anpeilen, hinfahren und einen Wanderparkplatz suchen. Aus Erfahrung gibt es dort immer Info-Tafeln mit unterschiedlich langen Wandervorschlägen mit gut markierten Wegen. Jetzt noch zur Sicherheit die Karte mit dem Handy abfotografieren, dann kann es losgehen!

Was ohne Vorbereitung und so unglaublich einfach funktioniert, auch für Leute mit wenig Affinität zu gpx oder gps, ist in der Eifel schon fast selbstverständlich. Und was so unkompliziert daherkommt ist, wie so oft, das Ergebnis systematischer, nachhaltiger Planung und konsequenter Umsetzung vor Ort.

Auch wenn die vielen Wegmarkierungen im ersten Moment etwas verwirrend scheinen, folgen die Kennzeichnungen einem zuverlässigen System.

# Wegemarkierung mit System

Der Eifelsteig war 2009 das erste, große Länder und Bundesländer übergreifende Gemeinschaftsprojekt. Er konnte sich nur dank der Bereitschaft zur Kooperation von Partnern aus Deutschland und Ostbelgien, Bundesländern, Gemeinden, Kommunen, Verbänden und Interessengruppen zu dem Erfolgsprojekt entwickeln, das er heute ist.

Mit 150 Projektpartnern hatte es Damian Meiswinkel vom Projektbüro „Wanderwelt der Zukunft" aus dem Kreis Euskirchen zu tun, als er zusammen mit der Nordeifel Tourismus GmbH 2016 begann, das Konzept der EifelSchleifen und EifelSpuren zu entwickeln. Es fällt nicht schwer, sich vorzustellen, wie unterschiedlich die Interessen und Vorstellungen waren, die da zusammentrafen.

Bei der arbeitsintensiven Planung, der Ausarbeitung der Routen in den Arbeitsgruppen und bei der Markierung der EifelSchleifen und EifelSpuren spielte die Zusammenarbeit mit den 24 Ortsgruppen des Eifelvereins im Kreis Euskirchen und der Hauptverein eine wichtige Rolle. Sie übernahmen auch die Schulung der Qualitätsprüfer und Wegepaten.

Für die Vulkaneifel hat das Projektbüro Traumpfade der Rhein-Mosel-Eifel-Touristik an der Entwicklung der Traumpfade und Traumpfädchen gearbeitet.

Der Naturpark Südeifel im Südwesten der Eifel grenzt an Luxemburg und ist grenzübergreifend mit dem NaturWanderPark delux verbunden. Das Projekt Naturparkplan Südeifel 2030 arbeitet u.a. an der Optimierung des Wegemanagements und Marketings für die Region.

In Ostbelgien und in der Wallonie wird in Zukunft das Knotenpunkt-System sowohl für Wanderer als auch Radfahrer flächendeckend eingeführt.

So gibt es zwar immer noch Unterschiede, doch für Wanderer und Radfahrer ist die Situation wesentlich komfortabler geworden. Auch die Internetpräsenzen der Regionen sind inzwischen übersichtlich und benutzerfreundlich.

*Die typische Rangfolge der Markierungszeichen mit Fern- und Nahzielen: oben der Eifelsteig, ein Fernwanderweg und Qualitätswanderweg, darunter zwei Fernwanderwege mit ihrem jeweiligen Emblem, es folgen nach unten zwei Hauptwanderwege des Eifelvereins, gekennzeichnet mit dem blau-braun-grünem E. Den Abschluss bilden lokale Wanderwege mit ihren Kürzeln.*

*Steinmännchen auf dem Eifelsteig im Liesertal. Sie haben schon unsere archaischen Vorfahren als Wegzeichen aufeinander gestapelt und sie werden bis heute weltweit errichtet.*

## Der Eifelverein

Die genaue Anzahl der Markierungszeichen auf den Wanderwegen des Eifelvereins kann man nur schätzen. Auf den ca. 4.200 km Hauptwanderwegen und ähnlichen Wegen sind es durchschnittlich ca. 10 Stück/km also insgesamt ca. 42.000. Hinzu kommen noch etwa 5.000 km örtliche Wanderwege mit ungefähr 50.000 Markierungszeichen. Zusammen genommen sind es also mehr als 90.000 Markierungen alleine auf den Wanderwegen des Eifelvereins. Wenn aus einem Wanderweg eine EifelSchleife oder ein Traumpfad wird, bedeutet das dementsprechend zeitaufwändige Arbeit für die Ehrenamtler und -innen des Vereins, die diesen Part weitgehend übernehmen.

Aus ihrer „fußläufigen" Erfahrung kennen sie die Tücken der Wegmarkierung und konnten so wichtige Erfahrungen zu den aktuellen Projekten beisteuern. Der Hauptwegewart Wolfgang Müller erklärt die wichtigsten Kriterien der Markierungsarbeit des Eifelvereins:

- Vollwegweiser kennzeichnen sowohl Fern- als auch Nahziele.
- Alle Markierungszeichen werden so auf Sicht angebracht, dass sie bereits von weitem ins Auge fallen, in einem Winkel von 90° zum Weg – und zwar in beiden Wegrichtungen auf Augenhöhe.
- Die Wege müssen immer in beide Gehrichtungen markiert sein.
- An allen Kreuzungen und Verzweigungen werden die Wege gekennzeichnet.

*Links: Wolfgang Müller, Hauptwegewart (Nord) des Eifelvereins, rechts daneben: die Wegewarte Bruno Lauscher und Otto Koch*

- An Sonderpunkten, z.B. Sehenswürdigkeiten, gibt es Wegmarkierungen.
- „Beruhigungszeichen" wiederholen die Kennzeichnung des Wegs nach einer Verzweigung, bei schwierigen Verzweigungen folgt ein weiteres Markierungszeichen nach ca. 50m.
- Auf längeren, kreuzungsfreien Abschnitten wird ebenfalls ein Beruhigungszeichen angebracht.
- An Bäumen werden Schilder angeklebt oder gemalt und nicht mehr genagelt.
- Fern- und Weitwanderwege (z.B. E8, AE) werden in größeren Abständen, nur an markanten Punkten und wichtigen Kreuzungen gekennzeichnet.

Was bringen das beste Konzept und eine gelungene Marketingstrategie, wenn nach Abschluss der Projektförderung die Beschilderung nicht sorgfältig gepflegt wird? Auch der Zustand der Wege muss regelmäßig vor Ort kontrolliert werden!

Genau in dieser Mission sind die 300 Wegepaten und Wegepatinnen des Eifelvereins unterwegs. 1–2mal im Jahr gehen sie die Wegstrecken von 10 – 20 km ab, reparieren und ersetzen Wegmarkierungen, schneiden z.B. Brombeerranken zurück und melden notwendige Reparaturarbeiten bei der zuständigen Gemeinde. Sie leisten damit eine absolut wichtige Basisarbeit und einen großen Beitrag zum „Wanderparadies Eifel". Ihre Arbeit verrichten sie für die Öffentlichkeit ebenso unauffällig wie die Kölner Heinzelmännchen ehedem. Vermutlich sind sie jedoch nicht wie diese nachts unterwegs. Wie erkennt man sie? Zweckmäßige, unauffällige Kleidung, solide Wanderschuhe, eine Neigung zu karierten Hemden, meist männlich, … Wegepaten und Wegepatinnen werden beim Eifelverein immer gesucht.

eifelverein.de

**Wussten Sie, dass**

… der Eifelverein ehrenamtlich 2.100 km Hauptwanderwege und 4.000 km örtliche Wanderwege markiert?

… der Eifelverein diese Aufgabe seit 130 Jahren erfüllt?

… alle heutigen Wanderwege, von Eifelsteig bis zum Traumpfad auf tradierten Wegen basieren?

# Planungen für die Zukunft

Das Bedürfnis, Zeit in der Natur zu verbringen, ist ein langanhaltender und ungebrochener Trend, der durch die Corona-Pandemie noch verstärkt wurde. Besonders beliebt sind Rundwanderwege bis maximal 15 km, sowie Angebote für einen Kurzurlaub. Für die Zukunft wird nach Auskunft der Eifel-Tourismus GmbH der Fokus verstärkt auf Themenrouten gelegt und auch auf ein überregionales Konzept für Radwege.

*Alte Streuobstwiese in der Südeifel*

# Mit GPS über Stock und Stein

Egal, wo man in der Landschaft unterwegs ist, das Handy ist heute immer dabei: um notfalls Hilfe holen zu können, die nächsten Bus- oder Zugverbindung zu finden, ein Taxi zu rufen, eine Gaststätte in der Umgebung zu suchen, usw. und immer mehr auch zur Orientierung oder Planung einer GPS-Tour!

## GPS-Technik in Kürze

Die gute Nachricht vorweg: um GPS-Navigation zu nutzen, ist wenig technisches Wissen nötig.

**GPS – Global Positioning System** – ein globales Positionierungssystem, das mittels Satelliten funktioniert

**GPX – GPS Exchange Format**

Wenn Sie eine Wegstrecke aus dem Internet herunterladen, dann hat die Datei die Endung .gpx

**OSM – OpenStreetMap** - eine Datenbank, die frei nutzbare Geodaten sammelt, strukturiert und offen zugänglich macht. Sie ist die Basis für alle Karten der Wander-Apps.

**GPS-Koordinaten** – verschiedene Systeme mit unterschiedlichen Schreibweisen, z.B. 50.386069, 7.011257 oder 50°23‘09.9"N 7°00‘40.5"E – beides sind die Geo-Koordinaten für den Gipfel der Hohen Acht ( www.koordinaten-umrechner.de)

**Wander-App** – ein Anwendungsprogramm, das durch eine Region leitet

**POI – Point of Interest** – ein Sonderziel auf einer Wegstrecke

**Geocaching** – ein Spiel, bei dem ein im Gelände versteckter Behälter (Cache) mit GPS gesucht wird

## Digitale Karten

bilden die Grundlage für die GPS-Navigation. Google Maps, ein Online-Kartendienst von Google, startete 2005 in den USA. 2009 wurde die Navigation integriert. Man kann zwischen einer Kartendarstellung, einem Satellitenbild und einer Hybridform wählen. Das Projekt OpenStreetMaps (OSM) wurde 2004 von Steve Coast ins Leben gerufen, 2006 wurde eine gemeinnützige Organisation, die OpenStreetMap Foundation gegründet. Im Unterschied zu Google können

*Weiter Blick über die Höhen des Ahrgebirges*

*Wiesenpfad - ohne GPS kaum zu finden*

Freiwillige und die Nutzer selbst dazu beitragen, die Karten zu verbessern. Im Allgemeinen sind wesentlich mehr Wege und Pfade auf den OSM-Karten eingezeichnet. Alle Wander-Apps basieren auf OSM-Karten und sind auf Handys nutzbar. Für Navigationsgeräte, wie Garmin, gibt es präzises, digitales Kartenmaterial zu kaufen, die OSM-Karten können ebenfalls installiert werden (Anleitungen im Internet).

## Wandern und Radfahren mit Apps

Die bekanntesten Apps sind outdooractive.com und komoot.de. Für beide gibt es eine kostenlose und eine Bezahlversion. Zum Ausprobieren sind die kostenlosen Versionen durchaus geeignet, die Vollversionen bieten ein breiteres Spektrum an Möglichkeiten. Beide Apps verfügen über eine große Auswahl an Touren und Informationen zu Strecke, Dauer, Höhenprofil und Schwierigkeit einer Tour. Komoot ist etwas übersichtlicher und leichter zu bedienen.

Inzwischen gibt es eine ganze Reihe weiterer Wander-Apps mit unterschiedlichen Schwer punkten.

Ist die passende Route gefunden, besteht die Möglichkeit, die Wegbeschreibung und die Karte auszudrucken. Doch Wander-Apps können deutlich mehr! Man kann eine Route selbst zusammenstellen, speichern und dann navigieren sowie andere Touren bewerten und kommentieren. GPX-Daten lassen sich auf das Handy exportieren und stehen damit – wichtiger Punkt für unterwegs – auch ohne Internetverbindung zur Verfügung. Die Navigation geschieht nämlich über GPS, das unabhängig von einer Internetverbindung ist und von Satelliten übertragen wird. Über die Wander-

*Komfortabler Weg, bei dem der Blick entspannt in die Ferne schweifen kann*

Apps kann eine eigene Tour aufgezeichnet und der Track direkt auf die App hochgeladen werden. Ein Austausch mit anderen Nutzern ist nun ebenso möglich wie eine Bewertung des Tracks.

## GPS Touren mit geprüfter Qualität in der Eifel

2007/2008 taten sich drei Leute zusammen: Michael Hoffmann, Dr. Gerald Kölblinger und Sieglinde Hoffmann.

Alle drei verband die Freude an der Natur, die Begeisterung fürs Wandern und das Vergnügen, Landschaften zu erkunden. Michael Hoffmann, der Sohn von Sieglinde Hoffmann, brachte seine Kenntnisse als IT-Experte ein. Gemeinsam entwickelten sie die Idee für eine Internet-Plattform, die die Vorzüge des – damals noch brandneuen – GPS-Trackings mit der Zuverlässigkeit und Qualität geprüfter, nachkontrollierter Wege verbinden sollte. Da alle Drei damals in der Eifel lebten, lag es nahe, den Schwerpunkt der Aktivitäten dorthin zu legen. Ein Projekt zum Mitmachen sollte es werden, aber kein Verein mit den dazugehörigen, formalen Aspekten. Eine kommerzielle Orientierung war ebenfalls nicht geplant. Es ist der ungebrochenen Begeisterung und dem Engagement des Trios zu verdanken, dass naturaktiverleben.de heute eine qualitätvolle, lebendige Plattform ist. Ein Leitmotiv bei der Zusammenstellung der Touren ist: nicht da gehen, wo alle gehen!

Ähnlich, wie beim Eifelsteig gehen mehr als 60 Wegepaten „ihre" Wege einmal im Jahr ab und tragen so wesentlich dazu bei, dass die Informationen zu den Strecken immer wieder aktualisiert werden. Dass sie auf der Webseite persönlich vorgestellt werden, zeigt, wie sehr ihre Arbeit geschätzt wird.

Um eine passende Tour zu finden, bietet die Website Filter an: z.B. die Kategorien Region, Streckenlänge, Anteil Wald, Anteil unbefestigter Wege. Entsprechend der Vorauswahl werden nun Tourenvorschläge gemacht. Ist die Auswahl getroffen, geht es weiter zu einer ausführlichen

*Sieglinde Hoffmann und Gerald Köblinger*

Beschreibung mit aktuellen Infos. Weitere Links führen zu vielen Detailinformationen wie Beschreibungen der Streckenabschnitte, Fotos von der Strecke, Grafiken, Gastronomie-Tipps, Meinungen zur Tour.

Neben „Basisinformationen" ist „GPS" aufgelistet und über diesen Menüpunkt lässt sich die GPX-Datei herunterladen. Am einfachsten ist es, für den Download auf das Handy zu wechseln. Wichtig ist es zu wissen, in welchen Ordner die Datei heruntergeladen wurde. Von dort lässt sich die Route mit verschiedenen Apps öffnen, z.B. mit OpenStreetMaps oder Komoot. Die Navigation durch GPS vor Ort kann beginnen! Durch den Download ist sie nun unabhängig von einer Internetverbindung. Der App muss man die Erlaubnis erteilen, auf den eigenen Standort zuzugreifen.

Zusammen mit Frau Hoffmann und Herrn Köblinger habe ich 2021 die Tour Nr. 6 gemacht, den „Höhenweg um Lind", eine 9,4 km lange Strecke oberhalb des Ahrtals mit vielen schönen Panoramablicken. Da die Strecke nicht einem durchmarkierten Weg folgt, ist es schon nötig, immer mal wieder auf das Handy zu schauen, um die eigene Position und die Tour zu vergleichen. Ein beinahe unsichtbarer Wiesenweg wäre ohne GPS kaum zu finden. Sich (zu) heillos zu verirren ist kaum möglich, da die aktuelle Position und der geplante Weg immer angezeigt werden. Tatsächlich macht es einfach auch Spaß, neue Möglichkeiten des Wanderns zu erkunden!

## Tipp

Die meisten Touren von NATUR AKTIV ERLEBEN liegen in der Eifel, aber auch für benachbarte Regionen wie Westerwald, Mosel, Hunsrück und Hohes Venn finden sich attraktive Vorschläge. Hinzu kommen drei Weitwanderwege, unter denen der EifelBahnSteig mit seinen 328 km besonders hervorsticht.

# Gesteine der Eifel

*Teufelsschlucht*

*Abtei Maria Laach*

# Das sehr langsame aber doch abenteuerliche Leben der Steine der Eifel

Ein weites Meer umgab die Kontinente Gondwana und Laurussia. Im Lauf von Jahrmillionen bewegten sie sich aufeinander zu und schoben sich unter- und übereinander. So entstand Pangaea, ein neuer Superkontinent. Dies geschah im Erdzeitalter des Paläozoikums vor über 500 Millionen Jahren. Ein neues Urgebirge erhob sich: das variskische Gebirge. Die Bewegungen der Erdkruste setzten sich fort. Meere bildeten sich und verschwanden wieder. Verwitterung, Hebungen, Senkungen, Faltungen, Ablagerungen, Neubildung von Gesteinen aus den Ablagerungen, vulkanische Aktivitäten – all dies veränderte ständig die Oberfläche der Erde. Und auch heute noch schwimmt die Erdkruste wie eine erkaltete, faltige Haut auf glutflüssiger Lava. Die Bewegungen der Erdoberfläche sind so langsam, dass wir Menschen sie mit unseren Sinnen nicht wahrnehmen können. Nur manchmal, wenn sich Spannungen in der Erdkruste aufgebaut haben, kann es zu plötzlichen, dramatischen Ereignissen kommen. In der Eifel geschah dies zuletzt vor ca. 13.000 – 11.000 Jahren und auch heute zeigen Spuren vulkanischer Aktivität, dass diese Phase nicht abgeschlossen ist.

Nicht nur für Geologen ist es faszinierend, dass alle erdgeschichtlichen Zeitalter deutlich sichtbare Spuren in der Eifel und den angrenzenden Gebieten hinterlassen haben. Eine erstaunliche Vielfalt der Gesteine prägt die Region und damit auch die Landschaft. Kelten, Römer, ja alle Menschen bis in die Jetztzeit nutzten und nutzen die unterschiedlichen Eigenschaften der Gesteine für die Landwirtschaft, den Bau von Häusern und seit Beginn der Neuzeit auch zunehmend industriell.

Diesen Zusammenhang beleuchten die folgenden Kapitel am Beispiel des Gebiets um den Laacher See, der Kalkmagerrasen am Bürvenicher Berg, des Schieferabbaus im Kaulenbachtal und der Sandsteinregion im Naturpark Südeifel.

*Lavakeller*

*Schieferregion Kaulenbachtal*

# *Idylle mit explosiver Vergangenheit*

Im Lauf der Erdgeschichte gab es im Bereich der heutigen Eifel zwei Phasen mit großer vulkanischer Aktivität. Während der ersten Phase, die im Tertiär vor etwa 50 Millionen Jahren begann, entstanden in der Hocheifel Vulkane wie die Hohe Acht, die Nürburg und der Hochkelberg. Die zweite Phase begann vor rund einer Million Jahre und erstreckte sich von der Westeifel bis zur Osteifel. Im geologischen Spannungsbereich von der Eifel bis zum Rheingraben bildeten sich viele Vulkane und ca. 10.930 v. Chr. ereignete sich hier eine gigantische Explosion. Unter der Erdoberfläche traf aufsteigendes Magma auf Grund- und Oberflächenwasser. Explosionsartig bildeten sich aschehaltige Glutwolken, sogenannte pyroklastische Ströme, die sich in die umliegenden Täler ergossen. Sie füllten das Brohltal bis auf eine Höhe von 60 m. Das Auswurfmaterial dieser Explosion verstopfte sogar das Rheintal, sodass sich der Fluss bis hinauf zum Oberrhein anstaute. Schließlich brach der Damm und das Wasser ergoss sich mit einer gewaltigen Flutwelle Richtung Norden.

Durch die entleerte Magmakammer bildete sich ein Einsturzkrater, umgeben von einem hohen Wall aus Bims. Der Krater füllte sich mit Grundwasser und der heute so idyllische Laacher See entstand. Kleine Bläschen, die vor allem am Ostufer des Sees aufsteigen, zeigen, dass die vulkanischen Aktivitäten nicht vollständig erloschen sind – die Region gilt auch heute noch als Hotspot.

Es gibt beim Laacher See noch einen weiteren Hotspot, allerdings touristischer Art – die Benediktinerabtei Maria Laach. Der berühmte Laacher See und die kulturell bedeutende Kirche und diverse Klosterbetriebe wie Gärtnerei, Buch- und Kunsthandlung, Keramikmanufaktur, Hofladen u.a. (7 Tage die Woche geöffnet)

Laacher See, Blick vom Lydiaturm

# – die Abtei Maria Laach und Umgebung

sowie die einfache Erreichbarkeit über die A 61 machen die Klosteranlage zu einem sehr attraktiven Ausflugsziel am Wochenende. Mit anderen Worten: der große Parkplatz ist dann schnell voll.

Die Abtei wurde zwischen 1093 und 1216 als Stiftung Heinrichs II. von Laach und seiner Frau Adelheid erbaut. Sie gilt als eines der schönsten Denkmäler der romanischen Baukunst dieser Zeit und hat einen speziellen Bezug zum Vulkanismus. Auf eine schöne Art und Weise, mit großer stilistischer Klarheit, wurde das Bauwerk fast ausschließlich aus vulkanischen Gesteinen der Region errichtet: grau-gelber Tuff, blauschwarzes Lavagestein und auch die rötlichen Tuffsteine stammen aus der Umgebung des Laacher Sees.

Berühmt sind die Steinmetzarbeiten, die am Vorbau zum Eingang, dem sogenannten „Paradies“, oben in den Arkaden zu finden sind. Außergewöhnlich fein und plastisch hat ein unbekannter Meister der Steinmetzkunst fantasievolle Figuren und pflanzliche Elemente aus dem Trassgestein herausgearbeitet.

*Kapitelle im „Paradies“: Erdenmutter Gaia und Haarausraufer*

Der Laacher See Krater

Trasshöhle

## Tipps & Infos

Adresse der **Benediktinerabtei Maria Laach**
56653 Maria Laach, T. 02652 59-0
maria-laach.de
Tourist-Info: Maria Laach, 56653 Glees,
T. 02636 19433 (beim Klosterparkplatz)

**Wandern**
#Start für beide Wege am großen Parkplatz beim Kloster Maria Laach
**Höhen-Rundweg** 14,1 km, Markierung ML1
**Ufer-Rundweg** 8,4 km, Markierung ML2

**Gastronomie und Übernachtung**:
**Seehotel Maria Laach** seehotel-maria-laach.de
**Camping Laacher See**, Am Laacher See, an der L 113, 56653 Wassenach,
Zum **Bootsverleih** für Tret- und Ruderboote am Laacher See gelangt man über den Parkplatz
**Baden**: Die Badezone ist kostenpflichtig und nur über den Campingplatz zugänglich.
camping-laacher-see.com

**Segeln, Surfen und Tauchen**:
eifel.info/a-segeln-surfen-am-laacher-see

# Die Trasshöhlen im Brohltal

Überall dort, wo pyroklastische Ströme des Laacher Vulkans mit Wasser in Berührung kamen, verfestigten sie sich zu Gestein, dem Trass. Bereits die Römer bauten ihn ab. Davon zeugt die Ausgrabungsstätte Römerbergwerk Meurin in Kretz. Von besonderer Bedeutung ist eine spezielle Eigenschaft dieses Steins: Feingemahlen ergibt er zusammen mit Kalk und Wasser einen Mörtel, der auch unter Wasser aushärtet und unempfindlich ist gegenüber dem Salzgehalt des Meeres. Seit dem 16. Jahrhundert importierten deshalb die Niederländer Trass. Er wurde in speziellen Trassmühlen zu feinstem Gesteinsmehl zermahlen und über den Rhein verschifft. Die 1901 erbaute Brohltalbahn übernahm später den Transport bis zum Rhein.

Der Trassabbau im Brohltal gehört inzwischen der Vergangenheit an, da das hochwertige Gestein inzwischen abgebaut ist. Als der Brohltalbahn 1987 die endgültige Stilllegung drohte, taten sich rund 100 Eisenbahnfans zusammen und bewirkten mit großem Engagement und trotz vieler Schwierigkeiten, dass die historische Schmalspurbahn als Vulkan-Express heute wieder fährt. Auch die Trasshöhlen im Brohltal sind Relikte der ehemaligen Abbautätigkeit. Der beliebte Traumpfad Höhlen- und Schluchtensteig (siehe Tipps) führt in das Gebiet.

## Tipps & Infos

**Nostalgische Zeitreise & gemütliche Wanderung** (Tagestour): Ab Brohl am Rhein mit dem Vulkanexpress bis Engelen, dann 1 ½ stündige Wanderung zur Burg Ohlbrück, dann auf dem Geopfad „Olbrücker Burgpanorama" (Route M) nach Oberzissen. Zurück mit dem Vulkan-Express. Buchen über Eifel Tourismus, Mo-Fr T. 06551 96560
Veranstaltungen mit dem **Vulkanexpress**:
vulkan-express.de

Der gut ausgeschilderte **Traumpfad Höhlen- und Schluchtensteig** ist 12 km lang und startet in Andernach-Kell, Parkplatz Bergwege (an der K 57), traumpfade.info

Direkten Zugang zu einem Bereich mit **Trasshöhlen** finden Sie nahe der Pension Jägerheim (Brohltalstraße 123, 56626 Andernach), kleiner Parkplatz südlich der Pension

**Ausgrabungsstätte Römerbergwerk**:
Meurin, Nickenicher Straße, 56630 Kretz
(ca. 10 km entfernt von der Abtei Maria-Laach)
roemerbergwerk.de

**Einkehr & Übernachten**
**Hotel Schloss Burgbrohl** schloss-burgbrohl.de

*Hangwald und Eingang bei den Trasshöhlen*

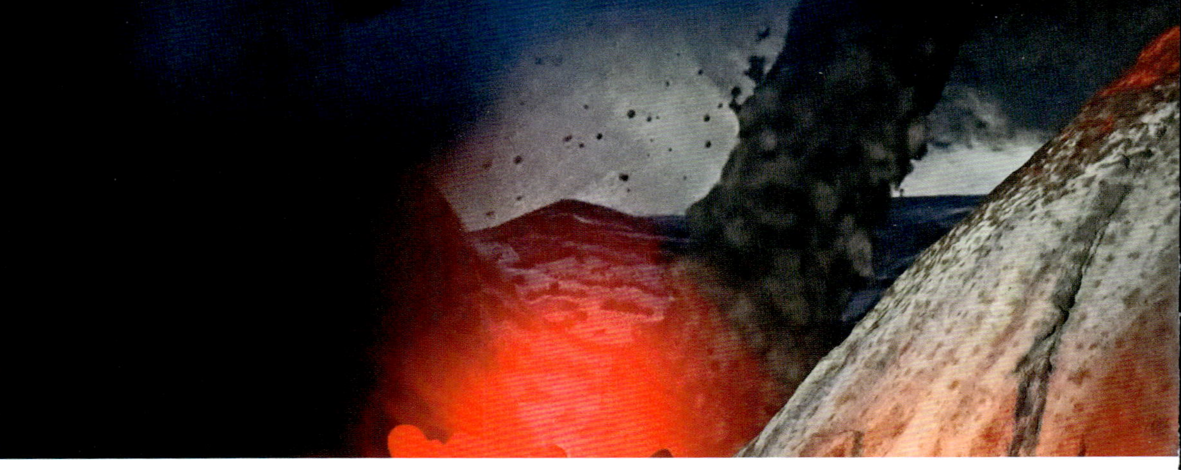

# Lava-Dome und Lavakeller in Mendig

Auch das bietet der Nationale Geopark Laacher See: eine spektakuläre 3D-Show im „Lava-Dome". Die vulkanische Vergangenheit wird hier ebenso lebendig wie ein vorstellbares Zukunftsszenario, präsentiert in einer fiktiven Live-Reportage zu einem Vulkanausbruch am Laacher See.

In direkter Nähe zum Lava-Dome liegt in 32 m Tiefe eine bizarre, unterirdische Landschaft, die Lavakeller. Im Sommer wie im Winter herrschen hier konstante Kühle und Luftfeuchtigkeit. Die Decke der hohen Räume wird von sogenannten Glocken gebildet, den Resten der abgebauten Basaltsäulen. Einzelne natürliche Basaltsäulen wurden als Stützen stehen gelassen. Das Labyrinth aus Stollen, Schächten und Hallen erstreckt sich über eine Fläche von fast 3 km². Eine Führung in die Lava-Keller kann im Lava-Dome gebucht werden (siehe Tipps & Infos). In Mendig, 5 km südlich von Maria Laach, haben Vulkane die Landschaft geprägt, die wesentlich älter sind, als der Laacher Vulkan. So strömten bei Mendig vor etwa 200.000 Jahren gewaltige Lavamassen aus dem Wingertsberg-Vulkan. Als die basaltische Lava an der Erdoberfläche abkühlte und erstarrte, entstanden durch das Zusammenziehen der Gesteinsmasse meterlange, meist sechseckige Basaltsäulen. Lange Zeit später lagerte sich durch den Ausbruch des Laacher Vulkans eine 10–20 m dicke Schicht an lockerem vulkanischen Material über der Basaltschicht ab.

Die Lavakeller entstanden durch den unterirdischen Abbau der Basaltschicht seit dem 18. Jahrhundert. Im Sommer wie im Winter herrschen hier konstante Kühle und Luftfeuchtigkeit. Die Decke der hohen Räume wird von sogenannten Glocken

3D-Animation im Lava-Dome und Führung im Lavakeller

gebildet, den Resten der abgebauten Basaltsäulen. Einzelne natürliche Basaltsäulen wurden als Stützen stehen gelassen. Das Labyrinth aus Stollen, Schächten und Hallen erstreckt sich über eine Fläche von fast 3 km².

Besonders begehrt war der harte, aber doch poröse Basalt für die Herstellung von Mühlsteinen. Mit der Weiterentwicklung der Mühlentechnik wurden ab Mitte des 19. Jahrhunderts keine Mühlsteine mehr benötigt. Da boten sich die Räume dank der konstanten, niedrigen Temperatur als Lager für Fassbier an. Bald schon gab es 28 Brauereien im Ort. Und wieder schritt die Technik voran. Mit den ersten Kältemaschinen, 1876 von Carl Linde entwickelt, konnte nahezu überall Bier kühl gelagert werden. So verschwanden die Brauereien wieder aus dem Ort. Nur eine ist verblieben – die Vulkan Brauerei. Und heute? Die Lava-Keller haben sich mittlerweile zu einer weltweit einzigartigen Touristenattraktion entwickelt. Sie dienen außerdem als stimmungsvolle Kulisse für Filmproduktionen, wie z.B. „Die Vampirschwestern 3“ und gelegentlich als Event-Location für Feiern und Hochzeiten. Fledermäuse schätzen ruhige Bereiche der Lavakeller als Winterquartiere.

In direkter Nähe zu den Lavakellern, ebenfalls in der Brauerstraße gibt es noch die frei zugängliche Museumslay. Das Göpelwerk am Eingang des Geländes zeigt einen originalgetreuen Nachbau einer Konstruktion, mit der die schweren Basaltsteine aus der Tiefe hochgeholt wurden – Antrieb: 1 PS.

## Tipps & Infos

### Lava-Dome, Lavakeller und Museumslay

Brauerstraße 1, 56743 Mendig, T. 02652 9399222
Öffnungszeiten: Di – Do und an Feiertagen, 10:00 – 17:30 Uhr Geschlossen: 1.12. – 31.1.
Die Lava-Keller können nur im Rahmen einer Führung besichtigt werden. Lava-Dome & Lavakeller sind für Behinderte geeignet und mit Aufzügen ausgestattet. Je nach Behinderung und Größe/Ausführung von Rollstühlen sind im Lavakeller kleinere Einschränkungen zu beachten. lava-dome.de

### Tourist-Info der Verbandsgemeinde Mendig

Marktplatz 3 / Rathaus, Mendig, Tel. 02652 98000

### Nationaler Geopark Laacher See

geopark-laacher-see.de
vulkanregion-laacher-see.de

### Besichtigung der Wingertsbergwand

Start: Ab der Straße Laachgraben in Mendig ausgeschildert. vulkanpark.com

### Wandern in der Umgebung von Mendig

**Traumpfad Vier-Berge-Tour**
13 km, relativ anstrengend, gut ausgeschildert
Start: Parkplatz Erlenmühle in Mendig (Ernteweg)
**Traumpfad Vulkanpfad**
Start: Hochsimmerhalle in Ettringen (Kottenheimerstraße 31), 6,6 km, gut ausgeschildert, sehr abwechslungsreich.
traumpfade.info – mit GPX-Daten

### Gastronomie

**Ratsstuben Mendig**, Marktplatz 5, Mendig (in einer alten Volksschule von 1890), ratsstuben-mendig.com
**Vulkan Brauhaus**, Laacher-See-Str. 2, Mendig
vulkan-brauerei.de

### Übernachten

**Hotel Hansa**, Laacher-See-Str. 11, Mendig, Tel. 02652 97080 mendighansahotel.de

*links: Göpelwerk mit Pferd im Freilichtmuseum Museumslay*
*oben: Blick auf Wingertsbergwand und Laacher See*
*rechts: Der Mühlstein vor dem Eingang zu den Lavakellern wurde seit 1851 mehrfach auf Weltausstellungen gezeigt*
*unten: Kletterwand an der Ettringer Lay*

# Das schwarze Gold der Eifel – der Moselschiefer

Die Eifel ist ein Teil des Rheinischen Schiefergebirges, das – logischerweise – vor allem aus Schiefer besteht. Jedoch tritt der reine Schiefer, insbesondere der sogenannte Dachschiefer, nur an einigen Stellen an die Oberfläche.

Schiefer ist ein „blättriges" Gestein und hat im Aussehen und im Entstehungsprozess zumindest gewisse Ähnlichkeiten mit einem Blätterteig. Der Prozess zog sich allerdings über Jahrmillionen hin. Vor rund 400 Millionen Jahren lagerte sich Tonschlamm auf dem Boden eines urzeitlichen Meeres ab. Durch die Masse der Sedimente entstand Druck und der Ton verfestigte sich. Gebirge falteten sich auf und seitlicher, schiebender Druck erzeugte Spannungen im Gestein, sodass die Tonmineralien entlang der Scherfläche gedehnt wurden. Durch Kristallisation unter Druck der Erdwärme entstand eine neue Struktur: plättchenförmige Mineralien – typisch für die Schieferung. Auch metallische Anteile der Lagerstätte beeinflussten die Qualität des Schiefers. Da bei der Entstehung von Schiefer viel Druck in Verbindung mit Verschiebungen eine wichtige Rolle spielten, ist das Gestein nicht reich an gut erhaltenen Fossilien.

Bekannt für besonders hohe Qualität ist der Moselschiefer aus der Osteifel. Er wurde über die Mosel verschifft – so kam er zu seinem Namen. Bereits die Römer schätzten die Qualität dieses Schiefers zur Dachdeckung. Das belegen Reste einer Festungsanlage von 300 n. Chr. auf dem Mayener Katzenberg. Die Rekonstruktion der Römerwarte kann besichtigt werden (siehe Tipps). Etwa 200 Schiefergruben der Region liegen südwestlich von Mayen. Anfang des 20. Jahrhunderts förderten noch drei Gruben den Moselschiefer und seit 1970er Jahren gibt es nur noch das Unternehmen Rathscheck, das seit 2019 nur noch Schiefer aus Spanien vertreibt.

*Nur wenige Pflanzen vertragen die Trockenheit und Hitze, die im Sommer im Kaulenbachtal herrscht.*

Bis in das 18. Jahrhundert wurden viele Häuser in der Eifel mit Stroh gedeckt. Eng bebaute Städte, wie Monschau, waren dadurch besonders brandgefährdet. Ein Erlass aus der Region von 1790 nimmt Bezug darauf: „Die in denen Nachbarschaften würklich bestehenden Stroh-Dächer dörfen, in gefolg bereits erlassener General-Verordnung, nicht mit Stroh ausgebessert werden, sondern solche sollen nach ihrem Verfall mit Pfannen belegt werden." Bei Verstößen sei hart durchzugreifen. „Diejenigen [Dächer] aber, an welchen bereits einige Herstellung mit Strohe" im Gange oder gerade abgeschlossen sei, mussten „sofort abgerissen und mit Pfannen bedecket werden."

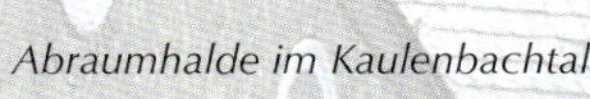

*Abraumhalde im Kaulenbachtal*

*oben: Flossenstacheln von Stachelhaien (Acantodii, Gattung Machaeracanthus, Familie Ischnacantus)*
*rechts: Seelilien (Chrinoiden)*

# Fossilien im Moselschiefer

In der Schieferregion der Osteifel war der Gesteinsabbau seit vielen Generationen eine sehr wichtige Erwerbsquelle. Es war immer eine harte, gefährliche und schlecht bezahlte Arbeit, bei der oft die ganze Familie mithelfen musste.

Auch der Vater von Claus Friis war mit dem Schieferabbau verbunden, da er Steinmetz-und Bildhauermeister war und an der ehemaligen Steinmetz-Fachschule in Mayen unterrichtete. Schon als Kind suchte Claus Friis mit seinem Vater nach Versteinerungen in der Abraumhalde der Firma Rathscheck. Diese Leidenschaft begleitet ihn privat seit über 50 Jahren und er präparierte und bestimmte 20 Jahre lang pro Monat bis zu 30 Fossilien für das Unternehmen Rathscheck. Durch die Zusammenarbeit war es ihm auch möglich eine private Fossiliensammlung zu erstellen, die er auf Anfrage gerne zeigt. 2020 wurde ein Teil seiner Sammlung von der Senckenberg Forschungsstation für Quartärpaläontologie in Weimar übernommen.

Fossilienhaltige Schieferplatten erkennt Claus Friis an einer leichten Wölbung der Platte. Bei Versteinerungen in Kalkstein ist der Härteunterschied zwischen Fossil und Stein groß, bei Schiefer gering. Dementsprechend muss er mit großer Vorsicht, Geduld und viel Feingefühl vorgehen. Maschinelle Geräte lassen sich nur für die Umgebung der Fossilie, den Hof, einsetzen. Ansonsten schabt Claus Friis mit Skalpellen und scharf geschliffenen Schraubenziehern. Sein größter Fund war ein großes Hautfragment eines Panzerfischs – das ist ein ausgestorbenes, fischähnliches Wirbeltier aus dem Erdaltertum. Häufiger im Moselschiefer zu finden sind unterschiedlich geformte Flossenstacheln von Stachelhaien, versteinerte Korallen aus der Gattung Zaphrentis, Stängel von Seelilien und Häutungsreste von Trilobiten.

# Naturschutzgebiet und Denkmalzone: die Schieferregion Kaulenbachtal

Scharf eingeschnitten in eine sanft geschwungene Hügellandschaft liegt eine sehr eigenartige, fremde Welt: riesige, fast kahle Halden aus dunklem Schiefer, mit Pflanzen, die geradezu mediterran wirken. Zwischen den Orten Müllenbach, Leienkaul und Laubach im Landkreis Cochem-Zell lag einst das größte Schieferabbaugebiet westlich des Rheins. Von 1695 bis 1959 wurde hier Dachschiefer im Untertagebau gefördert. In den Gruben Colonia und Maria-Schacht führten Schächte bis in eine Tiefe von 200 m. Da der hochwertige Schiefer nur 5-20% der bewegten Gesteinsmasse betrug, sind die Reste heute als imposante Halden zu bestaunen. Schon interessant, dass sich so eine Industriebrache zu einem spannenden Naturschutzgebiet entwickelt hat! Vor allem dem Engagement des Vereins zur Erhaltung der Geschichte des Schieferbergbaus ist es zu verdanken, dass diese Kulturlandschaft auch heute noch so eindrucksvoll ist. Der Verein wird dabei unterstützt von der Stiftung Natur und Umwelt Rheinland-Pfalz. Der Schieferverein hat sich auch für die Restaurierung und den Wiederaufbau einiger Bauwerke eingesetzt. Außerdem führt die Freiwillige Feuerwehr von Leienkaul Freischneide- und Pflegeaktionen auf den Halden aus. Die Pfadfinder beteiligen sich ebenfalls an den Aktionen und sogar die Schafe der Wanderschäferei Steffen Carmin wirken als Landschaftspfleger. Die Liste ließe sich fortsetzen. Sie zeigt, wie stark sich die Menschen der Schieferregion mit ihrer kulturhistorisch und landschaftlich einmaligen Hinterlassenschaft identifizieren.

Dass die Region vom Schieferabbau geprägt ist, lässt sich auch an regionalen Namen erkennen. So leitet sich das Wort Kaul von Kuhle ab und bedeutet Grube, Loch. Im Ortsnamen Leienkaul steckt dazu noch Lei. Ley, Lay oder Lei wird im rheinischen Sprachraum oft für Fels gebraucht, häufig für Schiefergestein. „Leiendecker" ist ein veraltetes Wort für Dachdecker.

Die Besonderheiten der Region kann man am besten zu Fuß erleben: zwei Rundwege unterschiedlicher Länge führen durch das Tal, vorbei an Halden und der Denkmalzone.

*oben links: Schieferhalden im Kaulenbachtal*
*oben rechts: Die „Herrenwiese" mit dem restaurierten Spalthaus*
*unten:*
*Blick vom Aussichtspunkt „Maria Schacht"*

## Tipps für die Schieferregion in der Osteifel

Auf der Webseite des Schiefervereins finden Sie ausführliche Informationen zur Schieferregion Kaulenbachtal.

Kontakt zu **Claus Friis** T. 02651 4619, c.friis@hotmail.de schieferverein.de

**Deutsches Schieferbergwerk**
im Eifelmuseum auf der Genovevaburg in Mayen. Das Museum bietet eine Zeitreise in ein 340m langes Stollen-Labyrinth. Anfassen erlaubt!
Öffnungszeiten: Sa – Do von 10 – 17 Uhr,
mayen.de
eifel.info/a-deutsches-schieferbergwerk-im-eifelmuseum

**Römerwarte Katzenberg**: St.-Barbara-Straße, Mayen
vulkanpark.com

**Portal für Gesteine und Mineralien**
steine-und-minerale.de

**Wandern**
**Wanderweg Schieferregion Kaulenbachtal** (14,2 km) mit gpx-Daten
eifel.info/wandern/wanderwege/a-schieferregion-kaulenbachtal
**Wanderweg Schiefergrubenwanderweg** (5 km) mit gpx-Daten
eifel.info/wandern/wanderwege/a-schiefergrubenwanderweg
Beide Wanderwege sind ausgeschildert und starten in Müllenbach an der Weggabelung Wagenweg/Heuweg (wenige Meter weiter auf dem Wagenweg, dann nach links hinunter ins Tal abbiegen).
… an sehr heißen Sommertagen ist es bei den Schieferhalden sehr mediterran. Unbedingt reichlich Getränke mitnehmen!
Bei Interesse an einer geführten Wanderung kontaktieren Sie bitte Herrn Rolf Stoll vom Schieferverein T. 01573 9343224 oder 02653 9145651

**Einkehr & Übernachten**
**Gasthaus Brix**, Grubenstraße 58, Leienkaul,
T. 02653 913555,
**Hotel Eifelperle**, Eifelstraße 34, Laubach,
T. 02653 99800 hotel-eifelperle.de

*Schiefermauer am Rotweinwanderweg*

*Das Teufelsloch im Ahrtal bei Kreuzberg*

# Sandsteinfelsen im NaturWanderPark delux

## Grüne Hölle, Teufelsschlucht und Schweinestall

***So sieht Landschaft aus, wenn finstere Urkräfte wirken:*** Bizarre Felstürme, düstere, enge Schluchten, skurrile Wabenmuster, Rillen und Wülste – hier muss der Teufel sein Unwesen getrieben haben! Sind nicht auch in den Felsen grausige Fratzen zu erkennen? Weht da nicht ein kühler Hauch aus der Tiefe?

Nicht ganz so mystisch, aber durchaus spannend ist die Entstehung der Felsen aus erdgeschichtlicher Sicht. Vor ungefähr 190 Millionen Jahren, im Erdzeitalter Lias lag hier in der südwestlichen Eifel die nördliche Küste eines Meeres. In einem breiten Flussdelta lagerte sich Sand ab, der über die Jahrmillionen eine bis zu 70 m dicke verdichtete Schicht aus Kalksandstein bildete. Als sich vor etwa 20 Millionen Jahren das gesamte Rheinische Schiefergebirge hob, entstanden im Bereich des Ferschweiler Plateaus und der Luxemburgischen Schweiz tiefe Risse in der Erdkruste. Die Hochfläche blieb nahezu eben, während die Flüsse Prüm und Sauer die Schluchten vertieften.

Wie aber entstanden die für das Ferschweiler Plateau, die Luxemburger Ardennen und die Region Müllerthal so markanten Felsformationen oben an den Abbruchkanten der Plateaus? Es gab schließlich keine Bäche, die Schluchten in die Felsen eingegraben hätten. Zwei Faktoren haben hier vor 12.000 Jahren zusammengespielt: die Kälte der Eiszeit und Keuper, die Gesteinsschicht unter dem wasserdurchlässigen Sandstein. Das gefrierende Sickerwasser führte zu Frostsprengungen im Stein, sodass tiefe Risse und Klüfte entstanden. Das Wasser drang bis hinunter zum Keuper und durchfeuchtete das tonhaltige Gestein. Unter der großen Last der Sandsteinschicht rutschten abgespaltene Felsblöcke auf der Keuperschicht und stürzten von den Abbruchkanten hinunter ins Tal. Die wild-romantischen Irreler Wasserfälle im Tal der Prüm sind so entstanden.

Der Kalkanteil des Luxemburger Sandsteins löst sich im Sickerwasser und dringt durch den Stein an die Außenseite. Dort verdunstet das Wasser und der Kalk verfestigt den Stein an der Oberfläche. Vor allem an Steilwänden und Überhängen entstehen so die imposanten Wabenstrukturen.

## Die Teufelsschlucht

Die berühmteste Felsformation des Ferschweiler Plateaus ist die Teufelsschlucht bei Ernzen: dramatische Schluchten zwischen senkrecht aufragenden Felswänden mit einem schmalen Pfad, der sich dazwischen hindurchschlängelt. Auf dem Wanderweg kann man auch einen Kaltluftsee erleben: Schatten und von feuchtem Gestein erzeugte Verdunstungskälte kühlen die Luft ab. Kalte Luft sinkt nach unten und wenn dann in so einer Felsschlucht eine Steinbarriere die Luft anstaut, ergibt sich das merkwürdige Phänomen eines Kältesees. Der Temperaturunterschied kann bis zu 20°C betragen!

Viele Treppenstufen – genau 146 – führen nach unten zur Prüm und zu den Irreler Wasserfällen, bei denen es sich eigentlich um Stromschnellen handelt. In der letzten Eiszeit stürzten große Felsbrocken von der 180 m höher gelegenen Abbruchkante des Plateaus hinunter in das Flusstal und bildeten Stromschnellen. Bei passendem Wasserstand ist dieser Flussabschnitt der Prüm sehr beliebt bei sportlichen Kajakfahrern. Mitte

*Die Teufelsschlucht bei Ernzen*

Oktober findet hier regelmäßig das „Bitburger Wildwasser-Rennen" statt. Damit der Wasserstand zuverlässig hoch genug ist, wird die Prüm flussaufwärts vorsorglich aufgestaut und das Wasser dann zeitgenau abgelassen.

Ausgangspunkt für eine Wanderung zur Teufelsschlucht ist das Naturparkzentrum Teufelsschlucht in Ernzen (siehe Tipps) Ab dem Naturparkzentrum führen unterschiedlich lange „Teufelspfade" durch die Felsenlandschaft. Für eine längere Wanderung (17 km) ist der „Felsenweg 6 – Teufelsschlucht" empfehlenswert.

## Die Grüne Hölle

11 km entfernt vom Besucherzentrum Teufelsschlucht liegt Bollendorf, der Ausgangspunkt für einen Ausflug in die Grüne Hölle. Die Felsformationen dort sind ähnlich fantastisch, doch ohne Besucherzentrum, Dinopark und ähnliche Attraktionen und deshalb deutlich weniger frequentiert. Namensgebend für die Wanderung dort ist eine tiefe, sehr schattige Felsspalte. Auf den feuchten Felswänden gedeihen deswegen nur Moose. Je tiefer man in die scheinbar ausweglose Klamm hinuntergeht, desto kühler wird es – ein Kaltluftsee! Manche der Felsen haben bedeutungsvolle Namen, z.B. Affenkopf, Predigtstuhl, Eulenhorst und Muhmenlay, dazwischen befinden sich ein Gipfelkreuz und ein schöner Aussichtspunkt. Der Rundweg Grüne Hölle startet am Wanderparkplatz beim Waldhotel Sonnenberg in Bollendorf.

*Kindliche Entdeckerfreude in der „Grünen Hölle"*

## Die Schweineställe

Etwas südöstlich von Bollendorf liegt das Schloss Weilerbach mit den Resten einer historischen Eisenhütte, einem kleinen Museum, einem Café und einer barocken Gartenanlage. Der Parkplatz beim Schloss ist der Ausgangspunkt für eine kurze Wanderung zu einer Schlucht mit dem Namen Schweineställe. Von hier aus die Autostraße überqueren und talaufwärts der Ausschilderung von Felsenweg 3 bis zu den Schweineställen folgen, im Felseinschnitt nach unten gehen und dann nach links durch den Wald zurück zum Startpunkt. Aus- und Eingang der Schweineställe ließen sich leicht versperren und so trieb man früher Schweine in die Schlucht, damit sie die nahrhaften Bucheckern und Eicheln fressen konnten.

In welcher Jahreszeit ist es in der Region am schönsten? Im Frühling bildet das frische Grün der Buchenblätter einen besonderen Kontrast zu den dunkel bemoosten Felsen. Im Sommer ist es hier erfrischend kühl. Im Herbst leuchten die warmen Farben der Buchenblätter. Wer sich vor allem für die Gesteinsformationen interessiert, bevorzugt freie Sicht und deshalb den Winter.

## Tipps

**Naturparkzentrum Teufelsschlucht**, mit großem Parkplatz, Infozentrum und Bistro, Erlebnisangebote, Kräuterlädchen, Imkerhaus, Startpunkt für alle Wanderungen
Ferschweilerstraße 50, Ernzen, T. 06525 933-0
teufelsschlucht.de

In direkter Nähe zum Naturparkzentrum: der **Dinosaurierpark** – ein Themen- und Erlebnispark zur Erdgeschichte, Kinder 9,50 €, Jugendliche ab 13 Jahre und Erwachsene: 12,50 €
dinopark-teufelsschlucht.de

**Tourist Info Bollendorf**
Neuerburger Straße 6, Bollendorf,
T. 06525 933930
eifel.info/a-tourist-information-bollendorf

**Gastronomie und Übernachtung**
**Bistro** im Naturparkzentrum Teufelsschlucht (s.o.)
**Schloss Weilerbach** mit Museumscafé
K 19 (Kreisstraße 19), Bollendorf, T. 06561 150
eifel.info/a-museumscafe-remise
**Waldhotel Sonnenberg** (auch Ausgangspunkt für die Wanderung in der Grünen Hölle)
Sonnenbergallee 1, Bollendorf, T. 06526 92800
waldhotel.com
*Nach viel Natur vielleicht ein Hotel im Herzen von Echternach?*
**Hotel Restaurant Café Le Pavillon**,
2, Rue de la Gare, 6440 Echternach, Luxemburg,
T. +352 72 98 09, lepavillon.lu

**Hotel Restaurant Sauer**, beliebt bei Bikern
Sauerstaden 20, Bollendorf. T. 06526 920500
hotel-hauer.de

**Jugendherberge Bollendorf**
– Familienurlaub mal anders
Auf der Ritschlay 1, Bollendorf, T. 06526 200
diejugendherbergen.de

**Camping Altschmiede** in Bollendorf
Altschmiede 1, Bollendorf, T. 06526 375
camping-altschmiede.de

## Wandern

Für den **Teufelspfad 1** und die **Bollendorfer Grüne Hölle** gibt es die kostenlose App „Lauschtour" über Appstore oder Googleplay zum Download – sehr unterhaltsam und informativ!

Beim Naturparkzentrum Teufelsschlucht starten **Teufelspfad 1** (2 km, Felsenlandschaft), **Teufelspfad 2** (3,5 km mit Irreler Wasserfälle), **Teufelspfad 8** (6 km, wie Teufelspfad 2, zusätzlich noch zu den Hopfenfeldern des Prümtals und zu historischen Mühlsteinbrüchen).

**Grüne Hölle**
Start: Waldhotel Sonnenberg, Sonnenbergallee 1, Bollendorf, dem Symbol der Lauschtour folgen, 7 km

**Grüne Hölle/Schweineställe: Der Felsenweg 3** führt sowohl zur Grünen Hölle, als auch zu den Schweineställen, Länge 24,7 km, Start: Wanderparkplatz Schloss Weilerbach
naturpark-suedeifel.de mit gpx Daten

Für einen kurzen Ausflug dem Felsenweg 3 ab dem Parkplatz bis zu den Schweineställen folgen und dann umkehren.

**Empfehlung für einen Wanderurlaub:** 23 Rundwanderwege in Premiumqualität wurden in der Südeifel, den Luxemburger Ardennen und in der Region Müllerthal – Kleine Luxemburger Schweiz in den letzten Jahren ausgebaut.
naturwanderpark.eu

## Sportliche Aktivitäten

Kanufahren auf der Sauer: Kanuverleih
camping-altschmiede.de/kanuverleih/

Mountainbike Trail bei Bollendorf: Beaufort-Berdorf MTB, 23 km alltrails.com/de/trail/luxembourg/echternach/beaufort-berdorf-mtb

## Sehenswert

Bei Bollendorf: das **Fraubillenkreuz**, ein etwa 5.000 Jahre alter Menhir aus Sandstein, der zu einem Kreuz umgearbeitet wurde. Durch den breiten unteren Teil hat dieses Kreuz eine interessante weibliche Note.

Anfahrt: ab der Bollendorfer Brücke 1,5 km auf Neuburger Straße Richtung Mettendorf/ Nusbaum, dann nach rechts auf Altstraße zum Parkplatz am Waldsportplatz.

gps-Daten Fraubillenkreuz
lon: 6.371034 lat: 49.874268
kulturdb.de/einobjekt.php?id=7254

**Ein Märchenpfad,** 3,3 km Rundweg, führt an markanten Felsen vorbei zum Fraubillenkreuz (kleiner Abstecher) und über einen Wirtschaftsweg zurück. Wegskizze mit Felsen und Anfahrt zum Download unter felsenland-suedeifel.de

# Mariengrotten

Bereits in der Antike gab es die Vorstellung, dass weibliche Naturgeister, die Nymphen, sich vorzugsweise in Höhlen und Grotten aufhielten. Schon damals wurden an diesen magischen Orten Skulpturen aufgestellt. Feuchte, dunkle Höhlungen entsprechen offenbar einem Archetyp für Weiblichkeit. 1858 erschien der vierzehnjährigen Bernadette Soubirous mehrfach Maria, die Mutter Jesu an der Grotte von Massabielle bei Lourdes, nahe der spanischen Grenze.

Die Erscheinung war weiß gekleidet und trug einen blauen Gürtel. Nach der Beschreibung von Bernadette fertigte der Bildhauer Joseph-Hugues Fabisch eine Marienstatue an. Während einer ihrer Visionen legte Bernadette eine Quelle in der Grotte frei. Schnell entwickelte sich die Grotte zu einer Pilgerstätte und auch heute noch heute pilgern jährlich vier bis sechs Millionen Menschen nach Lourdes. Das Quellwasser der Grotte gilt als heilkräftig.

Gegen Ende des 19. Jahrhunderts bis ins 20. Jahrhundert hinein war die Popularität der Grotte so groß, dass vielerorts sogenannte Lourdesgrotten mit Marienbildnissen errichtet wurden, sowohl in der Nähe von katholischen Kirchen, als auch an Wegkreuzungen und in der Landschaft. Auch zu einigen dieser Mariengrotten werden heute Prozessionen veranstaltet.

Bei Entdeckungstouren durch die Eifel und die östlichen Ardennen stößt man immer wieder auf Mariengrotten. Die meisten Statuen sind dem Vorbild der Madonna von Lourdes nachempfunden

*Lourdesgrotte mit Brunnen in Maspelt, Gemeinde Burg Reuland (Belgien)*

*Lourdesgrotte nördlich von Ouren-Peterskirchen beim sogenannten Rittersprung (Belgien). Die betende Figur vor der Grotte ist eine Darstellung von Bernadette Soubirous, die durch ihre Visionen 1858 die Wallfahrten nach Lourdes auslöste. 1925 wurde sie selig- und 1933 heiliggesprochen.*

und in künstlichen Grotten untergebracht. Weder ihr geschichtliches Alter noch die Gestaltung sind jedoch von künstlerischer Bedeutung. So ist es nicht verwunderlich, dass sich bisher weder Historiker noch die Kunstwissenschaft um die volkstümlichen Mariengrotten des 19. und 20. Jahrhunderts gekümmert haben.

Andererseits haben die Marienfiguren von Lourdes und ihre Nachbildungen offensichtlich eine ausgeprägte Wirkung auf viele Gläubige. Die Gestalt ist graziös und sanft, auf eine liebliche Weise schön. In ihrer Ausstrahlung liegt nichts Forderndes, sie verkörpert Demut und ein idealisiertes, völlig asexuelles Wunschbild von Weiblichkeit – das absolute Gegenstück zu Eva, der biblischen Verführerin. Hat Maria Charakter? In ihrer „unbefleckten Reinheit" wirkt sie eher wie ein leeres Gefäß für Projektionen, Hoffnungen und Ängste aller Art. Ist sie dadurch wie aus der Zeit gefallen oder könnte sie auch wandelbar sein zu einer „Maria 2.0"?

Hinter volkstümlichen Darstellungen und alten Bräuchen lauern zuweilen sehr aktuelle Fragen …

## Tipp

Marien-Wallfahrten und Prozessionen finden vor allem zu Mariä Himmelfahrt am 15. August statt und am 11. Februar, dem Gedenktag „Unserer Lieben Frau in Lourdes".

*Die Madonna von Lourdes und ihre Kopien werden typischerweise mit weißem Gewand und blauem Stoffgürtel dargestellt. Blick in das Schaufenster eines Devotionalienhandels im Pilgerort Moresnet-Chapelle.*

*Bei künstlich angelegten Mariengrotten wird gerne ein Wasserfall angelegt. Markante Lavagrotzen bilden einen harschen Kontrast zu den lieblichen figürlichen Darstellungen der Lourdesgrotte von Gillenfeld.*

# Kräuter der Eifel

## - alte und neue Traditionen

### Sehen, schmecken, riechen und fühlen

Wer sich in die Welt der Wildgemüse und -kräuter begibt, nimmt die Pflanzen mit allen Sinnen wahr. Kann es Schöneres geben, als diese Erfahrung auf einer kleinen, entspannten Wanderung in einer zauberhaften Region der Eifel zu machen? Eine Kräuterexkursion ist eine ideale Gelegenheit, eine Landschaft im Großen und im Detail kennenzulernen und diese Erfahrung mit anderen direkt vor Ort zu teilen. Das mündlich überlieferte Wissen um die Heilkraft der Kräuter reicht weit in die vorgeschichtliche Zeit zurück und ist heute noch in regionalen Bräuchen aufzufinden. Der Krautwisch hat eine sehr lange Tradition und wurde irgendwann in Form einer Kräutersegnung zu Maria Himmelfahrt in das kirchliche Brauchtum integriert.

*Süß-herb duftet das Mädesüß. Es wird traditionell zum Aromatisieren von Speisen und Getränken verwendet.*

*Wilder Dost und Wiesen-Labkraut am Straßenrand bei der Nohner Mühle*

Das Christentum kennt das zeremonielle Räuchern mit Weihrauch und in der Zeit der Hippies kamen Räucherstäbchen in Mode. Karin Laschet aus Ostbelgien wagt eine experimentelle Annäherung an die uralte Tradition des Räucherns.

*Körbe voller Krautwische für die Nachgemeinde*

*Beifuß, Artemisia vulgaris*

# Kräuterwanderung beim Wasserfall Dreimühlen

Wir treffen uns mit Manuela Elteste beim Parkplatz zum Wasserfall Dreimühlen, südwestlich von Nohn in der Vulkaneifel. Sie ist zertifizierte Kräuterpädagogin und somit eine moderne, gegenüber der Wissenschaft aufgeschlossene Variante einer Kräuterhexe.

Bereits auf dem Abschnitt vor dem Café Nohner Mühle gibt es eine wunderschöne Stelle mit blühenden Kräutern: Wilder Dost, Johanniskraut, Mädesüß und Steinklee und Wiesen-Labkraut bilden einen bunten Blütenteppich. Dahinter erstreckt sich eine saftig grüne Wiese, in der allerdings kaum Blüten zu sehen sind. Nach der Mühle folgen wir einem Pfad entlang dem Ahbach zum Wasserfall Dreimühlen.

Seit der letzten Eiszeit vor 10.000 Jahren haben drei kleine Quellen mit stark kalkhaltigem Wasser ein etwa 300 Meter breites und 100 Meter tiefes Kalksinterplateau geschaffen. Als Anfang des 20. Jahrhunderts in der Nähe eine Bahnstrecke gebaut wurde, fasste man die drei kleinen Bäche zum Mühlenbach zusammen und leitete ihn unter der Bahn hindurch und weiter zum Talhang des Ahbachs. Dort wächst seither ein Vorsprung, über den das kalkhaltige Wasser des Mühlbachs in den Ahbach fällt. Moos bildet das Gerüst, auf dem sich der Kalk aus dem Wasser ablagert. So wächst hier der Stein in das Bachtal hinein, mit einem jährlichen Zuwachs von ca. 10 cm.

Nach dem Wasserfall überqueren wir den Ahbach und gehen auf einem Wirtschaftsweg dem Bachlauf entlang zurück zum Ausgangspunkt. An den Wegrändern wächst so allerlei Grün. Nichts Besonderes – oder doch? Ist da irgendein unbekanntes Pflänzchen? Einfach fragen! Manuela Elteste kann zu jedem Blättchen und jeder noch so unscheinbaren Blüte etwas Interessantes sagen. Erstaunlich, wie viele Pflanzen essbar sind. Doch dann gibt es dazwischen eben auch tödlich giftige, wie den Gefleckten Schierling oder den Wolfs-Eisenhut.

Wie eigentlich haben unsere Vorfahren herausgefunden, was als Gemüse taugt, was als Arznei gegen welche Krankheit hilft oder welche Pflanze tödlich giftig ist? Wie haben sie die richtige Dosis gefunden, durch die ein Gift zur Medizin werden kann? Auch Tiere kennen die heilende Kraft von Pflanzen und so liegt es nahe zu vermuten, dass das Wissen darüber bei den Menschen sehr, sehr weit zurückreicht. Schriftliche Aufzeichnungen waren noch nicht möglich und so muss dieses Wissen ein kostbares Kulturgut gewesen sein, das von Generation zu Generation weitergegeben wurde.

Schlüssige Zusammenhänge herzustellen, scheint ein starkes menschliches Bedürfnis zu sein. Hier liegt die Wurzel der vorwissenschaftlichen Signaturlehre. Paracelsus (1493 – 1551) beschrieb die zu seiner Zeit weit verbreitete Praxis so: „Die Natur zeichnet ein jegliches Gewächs zu dem, dazu es gut ist“. So ähnelt z.B. die Form einer Walnuss der des Gehirns und war folglich gut für dieses. In einigen Fällen haben die Menschen auf diese Weise tatsächlich Heilwirkungen entdeckt, zuverlässig ist die Methode allerdings keineswegs. Das alte Erfahrungswissen ist jedoch heute noch ein wichtiger Hinweis für die moderne Forschung.

**Kontakt**

Manuela Elteste
T. 0162 9408944, manuela.elle@gmx.de
kleine-wildkraeutermanufaktur.de

**Buchtipp**

„Essen aus der Natur – Kräuter, Beeren, Pilze sammeln und verwenden“, Hrsg.: Stiftung Warentest

*Kräuterpädagogin Manuela Elteste mit Steinklee*

Erstaunlich, wie viele Pflanzen an einem Wegrand gedeihen, die früher alle eine Bedeutung für die Menschen hatten. Bei einer Führung in der Landschaft verbinden sich Naturerlebnis mit Wissenserweiterung, Bewegung und Gespräche mit anderen Menschen mit ähnlichen Interessen zu einem harmonischen Ganzen. Keine Spur von trockener Pädagogik!

*Pestwurz am Ufer des Ahbachs. Die Pflanze galt zur Zeit der Pest als Hoffnungsträger. Leider zu Unrecht.*

*Der Wolfs-Eisenhut ist außerordentlich giftig. Er wurde früher verwendet um Giftköder für Wölfe und Füchse herzustellen.*

*Kletten-Labkraut zusammen mit Giersch – zwei gefürchtete Unkräuter, genauso wie geschätztes Wildgemüse und Volksarzneipflanzen.*

*Zarte Blüten, charakteristische Blätter – der Rainkohl war eine wichtige Gemüsepflanze.*

# Der Krautwisch – ein segensreicher Kräuterstrauß

Es ist Mitte August in Dudeldorf, einem kleinen, idyllischen Ort östlich von Bitburg. Im Burggarten gibt es einen musikalisch begleiteten Open Air Gottesdienst zu Maria-Himmelfahrt mit anschließender Segnung von Kräutersträußen. Dieser Strauß wird in der Eifel und an der Untermosel Krautwisch genannt.

Der Glaube an die Schutzwirkung der enthaltenen Kräuter reicht weit zurück in die Vergangenheit. Mensch und Tier bewahrte er vor Krankheit, Feuer und Unglück. Der Krautwisch lieferte Heilkräuter für Tees. Bei Bedarf wurden bestimmte Pflanzen dem Tierfutter beigemischt, bei Unwetter, Blitz und Donner warf man ausgewählte Kräuter ins Herdfeuer. Wenn im Frühjahr der dürre Rest, der „Krockwösch", in den offenen Kamin geworfen wurde, half der duftende Rauch, die bösen Geister zu vertreiben. Das alles klingt sehr nach archaischem Ritual. Belegt ist, dass seit dem Mittelalter, wahrscheinlich seit dem 9. Jahrhundert, der Brauch in Form einer Kräutersegnung an Maria Himmelfahrt in die christlichen Rituale integriert wurde. Und warum sollte es der Wirkung der Kräuter schaden,wenn der Priester seinen Segen dazu gab? Die Kräutersegnung zu Maria Himmelfahrt gilt als einer der ältesten Bräuche im Kirchenjahr.

*Im Burggarten von Dudeldorf*

Die Frauen der katholischen Gemeinde von Dudeldorf binden besonders üppige Krautwische. Es gibt keine festen Regel, welche Kräuter in den Krautwisch gehören, doch die Anzahl der unterschiedlichen Kräuter ist regional festgelegt:

7 (Zahl der Schöpfungstage)
9 (dreimal drei für die heilige Dreifaltigkeit)
12 (Zahl der Apostel)
14 (Zahl der Nothelfer)
24 (zweimal zwölf: zwölf Stämme Israels aus dem Alten und zwölf Apostel aus dem Neuen Testament)
72 (sechsmal zwölf, Zahl der Jünger Jesu), oder gar 99

Der wunderbar duftende Strauß aus Dudeldorf enthält u.a. diese Pflanzen: Beifuß, Wermut, Dost, Johanniskraut, Schafgarbe, Rainfarn, Wegwarte, Frauenmantel, Hirtentäschel, Malve, Taubnessel, Bibernelle, Huflattich, Brennnessel, Kamille, Labkraut, Kamille, Goldrute, dazu noch Getreide und einige Pflanzen aus dem Kräutergarten. Die Krautwisch-Segnung von Dudeldorf wird in der Kirche vollzogen. Für 5 € kann man nach dem Gottesdienst einen Wisch erwerben, zuhause aufhängen und sich über lange Zeit an seinem köstlichen Duft erfreuen.

Bekannt ist auch Burg Dudeldorf, die heutige Burg ist eine Anlage aus dem 18. Jahrhundert, die sich teils in öffentlichem, teils in privatem Besitz befindet.

Mit dem „Biedenseecherrennen" wurde 2012 ein volkstümlicher Brauch reaktiviert, der seither am gleichen Tag gefeiert wird. Dabei müssen die Teilnehmer einen mit Wasser gefüllten Pinkelpott möglichst voll durch einen Hindernisparcours bringen.

**Mehr Infos**
wingarden.de/wing/nachedition2003/krautwisch.html

*Karin Laschet bietet in ihrer Seminarküche „Naturgenuss" Kochkurse, Wildkräuter- und Heilpflanzenkurse für Erwachsene und Kinder an. Sie hat von der belgischen Behörde AFSKA die Zulassung zum Verkauf ihrer Produkte (Naturzentrum Haus Ternell, auf regionalen Märkten und im Bioladen Bon Wagon).*

# Räuchern – eine alte, spirituelle Tradition

Hotelfachfrau, Hauswirtschaftslehrerin, Wildkräuterpädagogin, Gesundheitstrainerin, Imkerin, ... die Berufsausbildungen von Karin Laschet ließen sich fortführen und zeugen von großer Freude an Wissen und neuen Erfahrungen. Seit 2010 arbeitet sie selbständig als Seminarleiterin und seit 2015 führt sie die Seminarküche „Naturgenuss" in Kelmis in Ostbelgien. Der Wunsch nach Zugang zu tieferen Schichten hat sie dazu geführt, sich auf Erfahrungsbereiche einzulassen, die verschlossen sind für rein rationale Herangehensweisen.

*Die Brenndauer von Räucherkohle kann je nach Sorte und Größe bis zu zwei Stunden dauern. Stilvoll: die Luftzufuhr mit einer Räucherfeder regulieren.*

*oben links: Karin Laschet in ihrer Seminarküche. Im Korb sind einheimische Kräuter für die Herstellung einer Kräutermischung zum Räuchern.*
*oben rechts: Die getrockneten Kräuter immer frisch mörsern!*
*unten: Darauf die Kräuter legen.*

Die wissenschaftlichen Erkenntnisse bei der Erforschung des menschlichen Geruchssinns zeigen, dass er der unmittelbarste der menschlichen Sinne ist und Düfte im Gehirn direkt auf das limbische System wirken – ein Bereich, in dem Emotionen verarbeitet und Triebe gelenkt werden. Gerüche wirken selbst dann, wenn sie so schwach sind, dass sie unterhalb der Schwelle der bewussten Wahrnehmung liegen.

Aus der Ethnomedizin ist bekannt, dass Räucherungen mit Kräutern und Harzen in alten Kulturen auf der ganzen Welt verbreitet waren und sind. Von den Schwitzhütten der Indianer bis zur Verwendung von Weihrauch in der Katholischen Kirche gibt es unzählige Beispiele für rituelle Räucherungen. Was davon passt in unsere heutige Zeit? Landet man zwangsläufig in der Esoterik-Ecke, wenn man sich dem Thema widmet?

Karin Laschet hat mit ihrem Kurs „Zurück zu den Wurzeln" eine stabile Gruppe, die sich mit ihr auf diese „Wanderung" begibt. Gespräche, meditative Übungen und Symbole spielen eine wichtige Rolle bei den Treffen, Dunkelheit und gemeinsames Singen öffnen die Bereitschaft bei zeremoniellen Räucherungen an tiefere Schichten der eigenen Persönlichkeit heranzukommen. Eine große Rolle spielt dabei das Vertrauen zueinander und das Wissen, dass jeder/jede das Beste für die anderen wünscht. Bewertungen finden nicht statt.

Wer sich intensiver mit dem Thema befassen möchte, findet im Versandhandel Räucherkohle, -zangen, -gefäße, -federn oder -fächer, -löffel und speziellen Räuchersand. Außerdem sind ein Mörser und eine feuerfeste Unterlage sinnvoll.

Diese einheimischen Pflanzen eignen sich gut für ein eigenes, kleines Räucherexperiment: Beifuß, Dost (wilder Majoran), Johanniskraut, Mädesüß, Rosmarin, Schafgarbe und Fichtenzweige. Alle Teile müssen gut getrocknet sein und können einzeln oder gemischt verwendet werden.

**Kontakt**
**Seminarküche „Naturgenuss"**
Schnellenberg 6 , B-4721 Kelmis/Neu-Moresnet
T. +32 477 73 28 96, karin.laschet@icloud.com

# Der Beifuß – eine alte Räucher-, Heil- und Gewürzpflanze

Beifuß, Artemisia vulgaris, gehört zu den wichtigsten keltischen und germanischen Räucherkräutern. Von seiner Bedeutung zeugt auch die Namensverwandtschaft zu Artemis, der griechischen Göttin der Jagd, des Waldes, des Mondes, der Geburt und die Hüterin der Frauen und Kinder.

Abends entspannt eine Räucherung mit Beifuß, beruhigt die Nerven und wärmt innerlich. In Übergangsphasen kann sie das Loslassen und einen Neubeginn unterstützen. Beifuß soll auch die Wahrnehmung schärfen und klären. Beim Räuchern entsteht ein klarer, bitter-süßer, schwerer Duft.

In manchen Regionen wurden früher Ställe und Wohnräume in den Rauhnächten vom 24. Dezember bis zum 6. Januar mit Beifuß, Salbei, Fichtenharz und Wacholder beräuchert. Der Beifuß ist heute noch ein wichtiger Bestandteil eines jeden Krautwischs. Auch diese Kräutersträuße werden im Frühling verbrannt!

In der Medizin wird Beifuß geschätzt wegen seiner appetitanregenden, galletreibenden und verdauungsfördernden Wirkung. Außerdem löst er Krämpfe, fördert Wehen und die Menstruation, unterstützt die Durchblutung und hat auch eine antibakterielle Wirkung. Als Gewürz hilft Beifuß bei der Fettverdauung und wird deshalb traditionell bei der Zubereitung von fettem Braten verwendet. Der Geschmack von Beifuß ist bitter-aromatisch.

In der traditionellen chinesischen Medizin wird Beifuß für die Moxibustion verwendet. Dabei verglimmen kleine Mengen von getrockneten, feinen Beifußfasern (Moxa) auf oder über bestimmten Therapiepunkten.

Beifuß enthält Kampfer, Thujon, 1,8-Cineol, Linalool und Santonin. Einige Inhaltsstoffe, wie Thujon sind giftig, deshalb sollten längere Anwendungen oder hohe Gaben vermieden werden.

Die Pflanze wächst häufig an Wegrändern und kann 60 - 200 cm groß werden. Die Blätter des Beifußes sind an der Oberseite grün und an der Unterseite hell durch eine fein-filzige Behaarung. Von Juli bis Oktober können die oberen Teile mit den geschlossenen Blütenkörbchen geerntet werden.

Es gibt enge Verwandte des Beifußes, manche von ihnen werden auch in der Küche oder medizinisch verwendet. So ist der äußerst bittere Wermut wichtig für die Herstellung von Absinth. Er ist an allen Pflanzenteilen weißlich behaart und verströmt einen sehr starken, aromatischen Geruch.

*Blumenwiese im "Venngarten" von Herba Sana mit wilder Flora*

# Der Kräutergarten am Rand des Hohen Venn

Das Hohe Venn ist bekannt für raues Klima und die Schönheit der kargen Landschaft. Da überrascht es zunächst, dass am Rand dieser Region einer der größten, öffentlich zugänglichen Heilkräutergärten Europas liegt. Adolphe und Irene Horn gründeten 1958 hier, im ostbelgischen Elsenborn, das Unternehmen Ortis, einen Hersteller von Naturheilmittel.

Der Heilkräutergarten Herba Sana kam 2002 in direkter Nachbarschaft dazu, um die Philosophie der Firma zu veranschaulichen: Gesundheit im Einklang mit der Natur. Mit viel persönlichem Engagement und Hingabe haben die Söhne des Gründerehepaars, Philippe und Michael Horn zusammen mit seiner Frau Solange den Garten geplant und zu einem schönen und interessanten Lehrgarten ausgebaut.

Einladende Ruhezonen

Der Kräutergarten **Herba Sana** liegt schräg gegenüber dem Eingangsbereich von ORTIS
46 Hinter der Heck, B-4750 Elsenborn/Bütgenbach
T +32 (0)80440055
Öffnungszeiten: 1.6. –30.9.,
Mo – So von 9:00 – 20:00
Eintritt: 2 €

*Kräutergarten Herba Sana: Dank der hohen Pflanzcontainer fällt es leicht, die Kräuter genau anzusehen und an ihnen zu schnuppern.*

Hecken teilen den oberen Bereich des ca. 8.000 m² großen Gartens. Es ist wissenschaftlich erwiesen, dass Hecken einen Einfluss auf das Mikroklima haben. Hier, in Venn-Nähe schützen sie vor allem vor Wind. Als Heckenpflanze wurde die einheimische Hainbuche gewählt, da sie Schnitt gut verträgt und dabei besonders kompakt und aufrecht wächst. Ähnlich wie bei der Rotbuche bleibt das Laub meistens bis zum Frühling hängen, sodass auch die kalten Winterwinde abgebremst werden. Außerdem sind sie ein Überlebensraum für zahlreiche Vögel und Insekten.

Die Heilkräuter werden im oberen Teil des Gartens in hohen Metallbehältern angebaut, um die die Betrachtung der Pflanzen für Besucher zu erleichtern. Thematisch gegliedert und bestens ausgeschildert bildet dieses Areal den didaktischen Kern des Gartens. Zur Anlage gehören auch lauschige Picknickplätze und jenseits des Kobelsbachs ein naturnaher Bereich mit Venn-Vegetation. Breite Holzstege führen hier durch blumenreiche Feuchtwiesen.

Alle neuen Mitarbeiter von Ortis werden durch den Garten geführt, ebenso Kunden und Seminargruppen. Einerseits ist der Garten ein Luxus für die Firma Ortis, andererseits bietet er auch immer wieder Anregungen, fördert die Zusammenarbeit und schafft Synergien. Synergien in der Wirkung von Heilkräutern sind in der firmeneigenen Forschung ein wichtiger Aspekt.

Inzwischen bietet Ortis auch „Exportgärten" an. Das sind standardisierte Heilkräutergärten mit 25 ausgewählten, nicht giftigen Pflanzen mit Informationen zu Wirkung, Verwendungsmöglichkeit und Pflege. Diese Gärten wurden bereits an verschiedenen Orten eingerichtet, z.B. als Gefängnisgarten in Marche-en-Famenne.

Besucher sind im Garten willkommen. Führungen können auf Anfrage gebucht werden.

herbasana.ortis.com

Die historische Apothekerrose (Rosa gallica 'Officinalis') ist mit der Essigrose verwandt, im Unterschied zu ihr aber halbgefüllt und der Rosenduft ist noch intensiver. Wahrscheinlich ist sie die älteste, kultivierte Rose. Aus den Blütenblättern wird Rosenwasser und Rosenöl gewonnen.

## Allgemeine Tipps zu Kräutern

Das **Naturzentrum Eifel** von Nettersheim bietet geführte Kräuterwanderungen an.
Jedes Jahr Mitte Mai veranstaltet das Naturzentrum Nettersheim zusammen mit Bad Münstereifel den „Eifeler Kräutertag". Beide Orte sind durch die 2-Tagestour **„EifelSpur Kräuterpfad"** miteinander verbunden

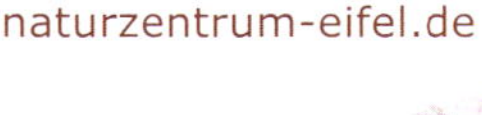

naturzentrum-eifel.de

## Apps zur Pflanzenerkennung

**PlantNet**
diese App wurde von vielen verschiedenen Forschungseinrichtungen zusammen entwickelt.

**Flora Incognita**
spezialisiert auf heimische Wildpflanzen

**iNaturalist**
kann neben Pflanzen auch Insekten bestimmen

# Ein bitteres Wässerchen – der Els aus Monschau

Bittere Kräuter haben in der traditionellen Kräutermedizin immer eine wichtige Rolle gespielt und Wermut ist ein bekannter Vertreter dieser Gruppe. In unserem Sprachgebrauch gibt es die Redewendung vom „Wermutstropfen", der einem eigentlich schönen Erlebnis eine bittere Note verleiht.

Die bitteren Aromastoffe des Wermuts prägen den Geschmack einiger alkoholischer Getränke, z.B. bei Wermutwein (meist kurz „Wermut" genannt), Absinth und Els, einem Kräuterschnaps aus der Nordeifel.

*Burkhard Spang und Ralf Beaujean, Inhaber der Monschauer Spirituosenfabrik Ewig & Selt*

**Wermut, Artemisia absinthium**, ist eine 60–100 cm große, ausdauernde Staude, silbergrau behaart an allen Pflanzenteilen. Von Juni bis September erscheinen hellgelbe, kugelige Blütenköpfchen. Die ganze Pflanze riecht stark würzig. Wermut bevorzugt trockene Böden und liebt steinige Standorte.
Blütezeit: Juni – September

Verwendung in der Phytotherapie bei Verdauungsschwäche, Appetitlosigkeit, Blähungen und Völlegefühl, Gallestörungen, Magenbeschwerden, regt die Menstruation an und aktiviert die Abwehrkräfte des Körpers.
Gegenindikationen: nicht bei Magen- und Darmgeschwüren oder in der Schwangerschaft.

Viele deutsche Trivialnamen sind für die Wermutpflanze erhalten, z.B. Echter Wermut, bitterer Beifuß, Absinth, Heilbitter, Magenkraut, Mottenstock, Wiegenkraut, Wurmkraut und Wurmtod. Diese Namen lassen bereits erahnen, wie die Pflanze medizinisch eingesetzt wurde. Der ausgeprägt bittere Geschmack löst bei Menschen einerseits Abneigung aus, andererseits hat die Erfahrung bewiesen, dass die Bitterstoffe durchaus positive Wirkungen haben. Einer der frühesten Belege für die medizinische Anwendung von Wermut findet sich im Papyrus Ebers, einem altägyptischen Schriftstück über Heilkunde von ca. 1600 v. Chr. Die Ägypter verwendeten Wermut bei Erkrankungen des Verdauungsapparats, als Wurmmittel und in religiösen Zeremonien. Auch Griechen und Römer schätzten die Heilkraft der Pflanze. Im 12. Jahrhundert schätzte die Äbtissin Hildegard von Bingen den Wermut als „Meister über alle Erschöpfungszustände des Menschen" und empfahl von Mai bis Oktober eine Kur mit Wermutwein. Auch sie betonte die positive Wirkung auf Magen, Eingeweide und Verdauung.

Burkhard Spang von der Monschauer Spirituosenfabrik Ewig & Selt erzählt, dass die Eifeler Bauern eine ähnliche Kur mit ihrem Vieh machten. Sie gaben ihren Tieren im Frühling einen Aufguss aus Wermut und anderen Kräutern zu trinken. Ähnlich wie beim Menschen wirkt Wermut bei Tieren verdauungs- und appetitanregend, zusätzlich fördert Wermut bei Tieren das Wiederkäuen. Die Bauern hüteten ihre Kräutermischung als Familiengeheimnis und die einzige Chance es zu erfahren war in die Familie einzuheiraten.

Vermutlich hatte ein Bauer die Idee, einen alkoholischen Auszug für Menschen aus den Kräutern herzustellen, denn, was dem Vieh hilft, könnte auch den Menschen helfen. Wermut wird in der Eifel Aelz, Alsam oder Alsem, Alzenkraut, Bitterals und Elskraut genannt und so kam der wermutlastige Kräuterbitter zu seinem Namen: Els. Verbreitet ist die Spirituose in der westlichen Nordeifel, dem angrenzenden Ostbelgien bis ins niederländische Südlimburg, ebenso im niederrheinischen Kevelaer.

*Blattformen von Wermut (li) und Beifuß*

**Wermut und Beifuß** sehen sich sehr ähnlich und auch ihre medizinische Wirkung ist vergleichbar.
Beim Wermut sind alle Pflanzenteile silbrig behaart, der Beifuß jedoch nicht an der Blattoberseite. Die Blattspitzen sind beim Wermut etwas abgerundet und beim Beifuß spitzer. Wermut ist deutlich bitterer als Beifuß.

Heute wird Els vor allem in Monschau von Ewig & Selt hergestellt. Die Wurzeln des traditionsreichen Unternehmens lassen sich zurückverfolgen bis 1844, als der Hüllenkremer Els als „Geistiges Getränk" eine Konzession erhielt. Ewig & Selt bietet sechs Varianten des Kräuterbitters an:

- Hüllenkremer Els, traditionsreicher Els, ursprünglich von Jakob Hirsch und Söhne produziert
- Reichensteiner Els, nach dem Rezept von Gut Reichenstein, vielleicht das älteste Rezept
- Görresges-Els, eine relativ milde Variante
- Kraremann Els, früher hergestellt von Josef Braun Spirituosen in Simmerath
- Original Monschauer Schnee-Els, durch den Zusatz von Sahne deutlich milder, mit 21 % vol Alkohol
- Senfmüller-Els. eine Els-Kreation, die Ewig&Selt nach der Vorstellung des Monschauer Senfmüllers Guido Breuer entwickelt hat.

Der Alkoholgehalt liegt bei 30,5% vol, mit Ausnahme des Schnee-Els. Ralf Beaujean und Burkhard Spang, die beiden Inhaber von Ewig & Selt sind stolz darauf, die Traditionen der regionalen Sorten weiterzuführen.

Die Bauern sammelten die Kräuter für den Viehtrunk in der Umgebung ihres Hofes und so beruht der Ansatz für den alkoholischen Kräuterauszug auch heute noch auf diesen einheimischen Pflanzen. Die Brennerei gilt als landwirtschaftlicher Betrieb und die Els-Kräuter dürfen nicht so eben mal am Straßenrand oder gar in den Naturschutzgebieten rund um Monschau gesammelt werden. Die verwendeten Pflanzen stammen alle aus zertifiziertem Anbau.

Der Geschmack des Els ist geprägt durch die Bitterstoffe des Wermuts, doch mehr als 30 weitere Kräuter runden den Geschmack ab und tragen zur verdauungsfördernden Wirkung bei. So ganz entschieden ist es nicht, ob der Kräuterbitter Medizin ist oder doch eher ein alkoholisches Genussmittel. Ein schweres, fetthaltiges Essen macht er verträglicher und angeblich wird Bier besser vertragen, wenn nach einem Glas Bier ein Gläschen Els getrunken wird. Oder ist es vielleicht umgekehrt,

*Ein Ziffernblatt aus allen verfügbaren Flaschen-Etiketten von Ewig & Selt seit dem 2. Weltkrieg*

dass Els besser vertragen wird, wenn nach jedem Gläschen ein Glas Bier getrunken wird?
In Maßen und vor allem gut gekühlt getrunken, ist Els ein Genuss, der nach Heimat schmeckt.

## Tipp

Frisch und herb schmeckt eine Mischung aus Ginger-Ale auf Eis mit Hüllenkremer Els. Im Mischverhältnis 10:1 liegt der Alkoholgehalt bei 2,8%vol. Alkohol.

**Ewig & Selt**
Das Monschauer Unternehmen stellt neben den verschiedenen Els-Sorten noch weitere Spirituosen her. „Els-Führungen" gibt es nach Absprache.
Adresse: Kirchbruch 8, 52156 Monschau,
T. 02472 987 96 50 ewigundselt.de

# In guter Gesellschaft – Pflanzengemeinschaften

Auf politischer Ebene wird im Bereich Naturschutz meist mit wissenschaftlichen Schlüsselbegriffen und Kürzeln gearbeitet und argumentiert. So wurde 1992 die europäische Richtlinie mit der mit der Kennung 92/43/EWG unterzeichnet. Ihr Ziel ist die Erhaltung der natürlichen Lebensräume sowie der wildlebenden Tiere und Pflanzen. Ein wichtiger Schritt für den Naturschutz! Die Richtlinie beinhaltet eine Liste der schützenswerten Flora-Fauna-Habitate (FFH-Gebiete), die nach wissenschaftlichen Gesichtspunkten zusammengestellt wurde. Eine zentrale Säule der FFH-Richtlinie ist die Schaffung eines Netzes von Naturschutzgebieten, Natura 2000 genannt.

Die wissenschaftlichen und verwaltungstechnischen Begriffe klingen für Laien im Allgemeinen nicht sehr anschaulich. Dass es sich bei diesen schützenswürdigen Regionen um Bereiche handelt, die auch für Laien interessant und von besonderer Schönheit sind, ist der Ansatz für die folgenden Artikel. FFH-Gebiete sind die Wacholderheide bei Alendorf (Formationen von Juniperus communis auf Kalkheiden und –rasen), der Schlangenberg südlich von Stolberg (Schwermetallrasen, Violetalia calaminariae), der Kermeter im Nationalpark (Hainsimsen-Buchenwald, Luzulo-Fagetum) und die Schavener Heide bei Mechernich (Trockene europäische Heiden). Das Bosfagne ist Teil des deutsch-Belgischen Naturparks Hohes Venn-Eifel. Wegraine sind ein wichtiger Bestandteil unserer Kulturlandschaft, doch man schenkt ihnen selten die Beachtung, die sie verdienen. Ihre scheinbare Nutzlosigkeit hat sie zu Inseln der Vielfalt gemacht. Gefährdet sind sie durch den ökonomischen Druck in der Landwirtschaft.

**Weitere Infos**

fauna-flora-habitatrichtlinie.de

ffh-gebiete.de

*Fingerhut auf dem Kermeter*

*Wanderweg im Irsental*

*Margeriten im Perlenbachtal*

*Blumenpracht am Wegesrand*

# Der Buchenwald auf dem Kermeter

IIm Waldgebiet Kermeter lässt sich erahnen, wie die Urwälder Mitteleuropas nach der letzten Eiszeit vor rund 10.000 Jahren ausgesehen haben. Restflächen dieser weit ausgedehnten Buchenwälder sind bis heute erhalten. Der Kermeter gilt als Herzstück des 2004 gegründeten Nationalparks Eifel und befindet sich auf einem abgeschiedenen Höhenrücken in der Nähe von Heimbach, südlich des Rursees.

Der Wald auf dem Kermeter wurde in der Vergangenheit forstwirtschaftlich und zur Gewinnung von Holzkohle genutzt. An vielen Stellen hat man ihn früher mit schnell wachsenden Fichten aufgeforstet. Das Konzept des Nationalparks sieht jedoch vor, dass diese ebenso wie andere Nadelbäume und nicht europäische Baumarten auf möglichst schonende Weise zurückgedrängt werden. Inzwischen übernehmen Borkenkäfer und Klimawandel die Arbeit auf sehr radikale Art und Weise. Abgestorbene und umgestürzte Nadelhölzer zeugen heute auch auf dem Kermeter von dramatischen Veränderungen. Als Totholz sind Fichten durchaus auch ein wertvoller Lebensraum – im Vergehen bieten die abgestorbenen Bäume Nahrung für Pflanzen, Tiere und Pilze. Wie entwickelt sich der Wald, wenn er weitgehend sich selbst überlassen bleibt? Im Nationalpark Eifel werden die Veränderungen wissenschaftlich genau beobachtet. Dank tief reichender Wurzeln erweist sich die Buche als relativ robust. Junge Sprösslinge wachsen bisher von alleine nach.

Buchenwälder haben im Sommer ein dichtes Kronendach und ihr Falllaub bedeckt im Herbst den Boden mit einer dicken Schicht. Erst im Frühling beginnt es langsam zu verrotten. Das sind zwei Gründe warum der Bewuchs im Bodenbereich in diesen Wäldern oft gering ist. So verhält es sich auch hier auf dem Kermeter. Buchenwälder gelten deshalb als artenarm – jedoch nur in Bezug auf die Flora. Sie sind dagegen sehr reich an Insekten, Vogelarten, Fledermäusen und auch so seltene, scheue Tiere wie Wildkatzen finden hier ein Zuhause. Die Balance zwischen strengem Naturschutz und Zugeständnissen an den Tourismus ist nicht einfach und Besucher müssen sich an Regeln halten, unter anderem an ein striktes Wegegebot.

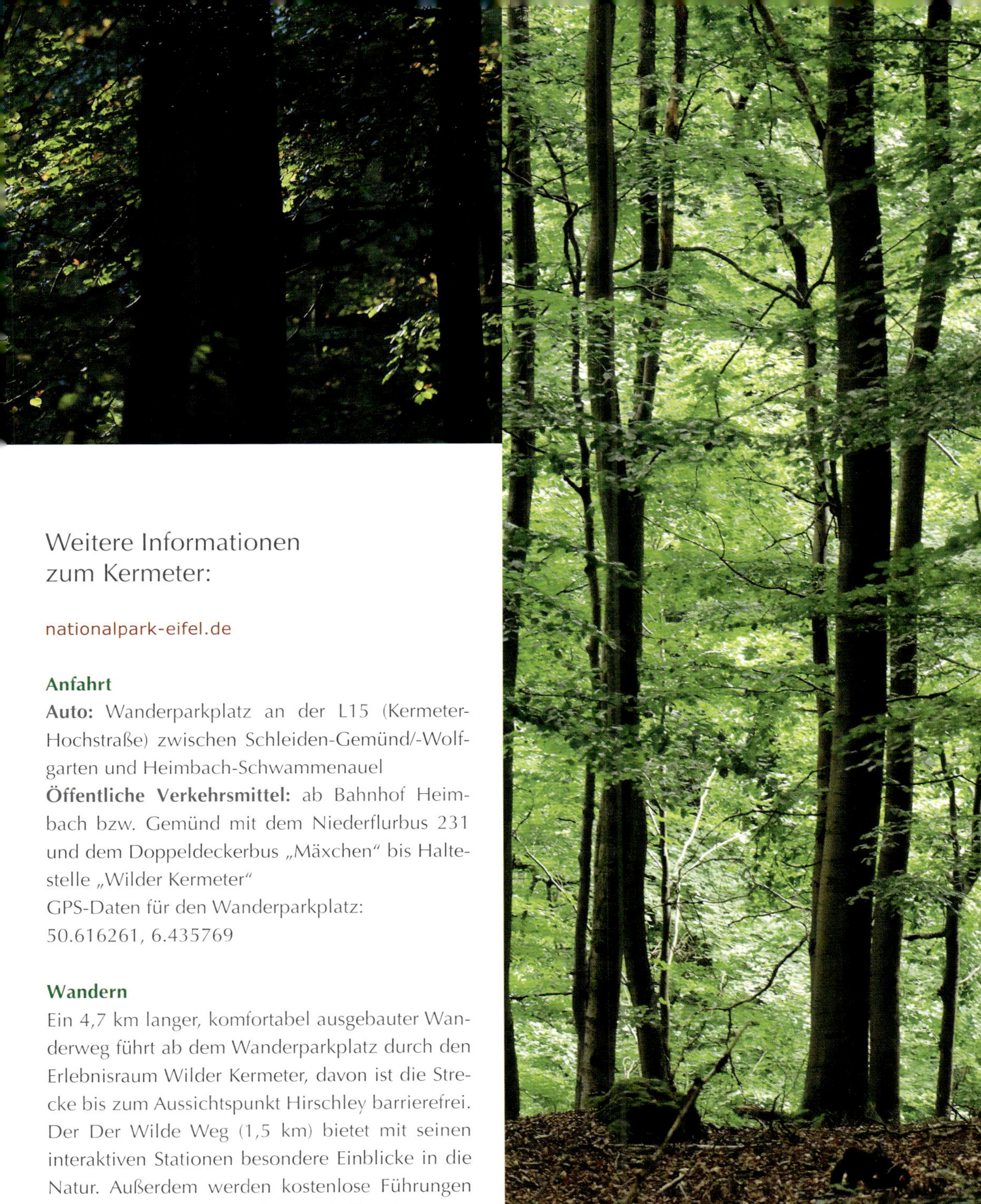

## Weitere Informationen zum Kermeter:

nationalpark-eifel.de

### Anfahrt

**Auto:** Wanderparkplatz an der L15 (Kermeter-Hochstraße) zwischen Schleiden-Gemünd/-Wolfgarten und Heimbach-Schwammenauel
**Öffentliche Verkehrsmittel:** ab Bahnhof Heimbach bzw. Gemünd mit dem Niederflurbus 231 und dem Doppeldeckerbus „Mäxchen" bis Haltestelle „Wilder Kermeter"
GPS-Daten für den Wanderparkplatz:
50.616261, 6.435769

### Wandern

Ein 4,7 km langer, komfortabel ausgebauter Wanderweg führt ab dem Wanderparkplatz durch den Erlebnisraum Wilder Kermeter, davon ist die Strecke bis zum Aussichtspunkt Hirschley barrierefrei. Der Der Wilde Weg (1,5 km) bietet mit seinen interaktiven Stationen besondere Einblicke in die Natur. Außerdem werden kostenlose Führungen mit einem Ranger angeboten. Treffpunkt: sonntags, 13 Uhr am Rastplatz beim Wanderparkplatz. Eine Anmeldung ist nicht erforderlich.

*Offene Heidebereiche wechseln sich ab mit Baumgruppen*

# Überleben als Truppenübungsplatz – die Schavener Heide

Ertragsarme Gebiete dienten früher oft als Schafsweide. Die Bauern trugen die oberste Schicht, auch Plaggen genannt, ab und verwendeten sie als Einstreu in Schafställen. Zusammen mit dem Schafsmist diente die Einstreu später als Dünger auf den Feldern. Dadurch verödete der Boden der Schafsweiden zunehmend, bis nur noch das anspruchslose Heidekraut wuchs.

*oben: Blütezeit in der Schavener Heide*
*unten: Kleinbiotop*

So ein Ödland wurde nach dem 2. Weltkrieg gerne als Truppenübungsplatz genutzt. Das geschah auch mit der Schavener Heide, gelegen zwischen Kommern und Satzvey. Ab 1955 nutzten die belgischen Streitkräfte das Gebiet als Übungsgelände und ab 1976 die Bundeswehr. Seit den 90er Jahren arbeiten u.a. Bundeswehr und die Biologische Station im Kreis Euskirchen daran, militärische Nutzung und Naturschutz sinnvoll zu verbinden. Wie passt das zusammen? Immerhin, die Heidelandschaft blieb nur aufgrund der militärischen Nutzung erhalten. Schließlich wäre es mittels Kunstdünger für die Landwirtschaft einfach gewesen, den mageren Boden fruchtbar zu machen.

In der Schavener Heide wechseln sich ausgedehnte Heidegebiete mit mageren Borst- und Straußgrasrasen ab. Die Flächen sind umgeben von Eichenmischwäldern und Birkenpionierwäldern. Da die schweren militärischen Fahrzeuge den Boden an manchen Stellen stark verdichten, entstehen Kleingewässer als Biotope, z.B. für die stark gefährdete Kreuzkröte.

Zur Blütezeit der Schavener Heide im August werden vom Naturpark Nordeifel naturkundliche Führungen angeboten.

**Wichtig!** Als Standortübungsplatz und Naturschutzgebiet unterliegt die Heide Zugangsbeschränkungen. Sperrung während der Woche von Mo – Fr von 7 – 17 Uhr.
Die aktuellen Zeiten zum Download finden Sie auf https://bit.ly/3dQRek1
**Vorsicht Blindgänger!** Wege keinesfalls verlassen! Hotline 02251 953-2277 (während der Bürozeiten)

**Wandern**
Zugangspunkt bei Panzerstraße 3, Mechernich
Rundweg 2 (12km)

# Der Schlangenberg – ein ungewöhnliches Naturschutzgebiet bei Stolberg

Der Schlangenberg ist ein Hügel bei Breinigerberg, einem Stadtteil von Stolberg in der Nordeifel. Schon vor 2000 Jahren schürften Kelten und Römer an dieser Stelle das Zink-Erz Galmei und nutzen es zur Herstellung von Messing. Im 18. Jahrhundert entwickelte sich hier ein Zentrum des Abbaus von Zink, Cadmium und Blei. Zunächst wurde das Erz oberirdisch abgebaut, mit fortschreitender technischer Entwicklung unter Tage. Mitte des 19. Jahrhunderts waren die Erzvorkommen erschöpft. Zurück blieb ein stark durchwühlter, toxischer Boden mit vielen Stollen und Schächten, die inzwischen verfallen und nicht mehr zugänglich sind. Das brachliegende Gebiet mit seinen toxischen Böden wurde nach dem 2. Weltkrieg bis 1993 zu einem militärischen Übungsgelände. 1975 wurde ein 124 ha großes Areal zum Naturschutzgebiet deklariert.

*Grasnelke (Armeria maritima subsp. halleri)*

Der Besucher findet hier die extrem seltene Galmeiflora, die sich im Laufe der Evolution dem schwermetallhaltigen Boden angepasst hat. Ihre berühmteste Vertreterin ist das Gelbe Galmei-Veilchen, das weltweit nur im Aachener Raum und bei Kelmis in Ostbelgien zu finden ist. Andere typische Pflanzen sind z.B. die Galmei-Frühlingsmiere, das Galmei-Hellerkraut und die rosarote Galmei-Grasnelke. Einige andere Pflanzen, wie z.B. die Schwalbenwurz, vertragen den hohen Schwermetallgehalt besser als die meisten anderen Pflanzen. Die Hauptblütezeit des Galmeiveilchens ist von Mai bis Anfang Juni. Auf dem kargen, kalkreichen Boden gedeihen auch z.B. Orchideen, Fransenenzian, Quendel oder Erdbeeren – auf den Verzehr der Beeren oder Kräuter sollte man jedoch aus naheliegenden Gründen verzichten. Die Region um den Schlangenberg ist außerdem bekannt für seinen Schmetterlingsreichtum.

## Mehr Infos zum Schlangenberg

de.wikipedia.org/wiki/Naturschutzgebiet_Schlangenberg
naturpark-schaetze.de

### Wandern

Start für eine kurze Rundwanderung zum Schlangenberg: Am Tomberg, Ecke Breiniger Berg in Stolberg, GPS Daten: 50.739922, 6.243134

*Das Gelbe Galmeiveilchen (Viola calaminaria)*

*Der Schlangenberg*

Wacholderbeeren sind aus botanischer Sicht Zapfen. Sie benötigen bis zur Reife zwei Jahre, sodass an einem Zweig häufig verschiedene Reifestände zu beobachten sind.

# Ein Hauch von Toskana – die Wacholderheide bei Alendorf

Auf dem Gipfel des Kalvarienbergs. Bei passendem Wetter ist die 26 Kilometer östlich liegende Hohe Acht, der Stromberg und der Aremberg sowie die 22 Kilometer entfernte Nürburg zu sehen.

*Im Juni blühen zahlreiche Orchideen auf dem Kalvarienberg und im nahegelegenen Lampertstal.*

*Der Fedrige Fruchtstand einer Küchenschelle und Blüte des Fransenenzians.*

Die sanft geschwungenen Hügel der Hochfläche sind von Wäldern bedeckt und dazwischen liegen Felder und Wiesen – eine typische Eifellandschaft für die Region südlich von Blankenheim. Doch in der Umgebung von Alendorf ändert sich die Landschaft. Wacholderbüsche prägen das Bild und unwillkürlich fühlt man sich an die Toskana erinnert. Auch hier haben die Menschen wesentlich dazu beigetragen das Erscheinungsbild zu prägen.

Einst waldreich entstand nach Jahrhunderten der Abholzung auf den Hügelkuppen ein karger, kalkreicher Boden, der nur noch als Schafweide taugte. Die Grasnarbe war schnell abgefressen und übrig blieben jene Pflanzen, die den Schafen nicht schmeckten, z.B. die Wacholderbüsche. Im Lauf der Zeit entwickelte sich auf den Weiden eine ganz besonders vielfältige Pflanzengemeinschaft mit Kuhschellen, Enzian und über 30 Orchideenarten. Wacholderheiden gelten als die artenreichsten Biotope Mitteleuropas.

Von der wehrhaft wirkenden Alten Kirche von Alendorf führt ein 350 Jahre alter Prozessionsweg auf den Kalvarienberg. Oben angekommen, wird man mit einem der spektakulärsten Eifel-Blicke belohnt.

## Tipps

**Wacholderfest** am 2. Augustwochenende in Alendorf wacholderfest.de
**Anfahrt** auch mit Eifelsteig-Wanderbus eifelsteig.de

**Wandern**

Eine 16 km lange **EifelSpur „Toskana der Eifel"** startet am Wanderparkplatz bei der Alten Kirche (Alendorfer Straße, nördlicher Ortsausgang) eifel.info/wandern/wanderwege/a-eifelspur-toskana-der-eifel mit GPX-Daten
Alternativ gibt es mehrere kurze Rundwege beim Kalvarienberg.

**Einkehr**

**Café Stübchen**, Quellenstr. 18, Blankenheim-Alendorf, cafestuebchen.business.site

# Randerscheinungen – zauberhafte Kleinbiotope am Wegesrand

Filigrane Farbtupfer, Blütenköpfe, die sich sanft im Wind wiegen, Schmetterlinge und Bienen, die von der Vielfalt der Blumen angelockt werden, Bereiche, die sich in ihrer Diversität deutlich von den dahinterliegenden Feldern und Wiesen unterscheiden – so ist das Idealbild von Wegrainen, wie wir es vielleicht aus der Kindheit in Erinnerung haben.

*Auf dem Eifelsteig zwischen Dedenborn und Einruhr*

Die Streifen neben den Wegen sind im Allgemeinen steinig und werden nicht gedüngt. Für Gras sind das keine optimalen Wachstumsvoraussetzungen. So haben Wildblumen wenig Konkurrenz und können sich gut entfalten.

Das Bild hat sich vielerorts in den letzten Jahrzehnten jedoch verändert und bunte Wegraine sind seltener geworden. Verschiedene Gründe gibt es dafür: häufiges Mähen, Beeinträchtigung durch Düngemittel und Pflanzenschutzmittel. Auch das Mulchen der Raine durch Mähgut führt zu einem Düngeeffekt.

Inzwischen findet ein Umdenken statt und die lange „vergessenen" Wegraine werden als empfindliche und schützenswerte Lebensräume erkannt. Sie spielen auch eine wichtige Korridorfunktion bei der Vernetzung von Lebensräumen und haben damit eine besondere Bedeutung für den Naturschutz.

**Mehr Informationen zu Wegrainen**
finden Sie im Internet unter:
wegraine.naturschutzinformationen.nrw.de

*Zitronenfalter auf Seidelbastblüte*

# Kalkmagerrasen am Bürvenicher Berg

Kann man sich einen Begriff vorstellen, der unmelodischer, trockener und weniger verheißungsvoll klingt, als „Kalkmagerrasen"? Wiesenfreunde allerdings werden hellhörig ...

Kalkmagerrasen, wie z.B. das Gebiet am Bürvenicher Berg, sind nährstoffarm und trocken – dennoch bezaubern sie durch besondere, seltene Pflanzen und einen heutzutage ungewöhnlichen Insektenreichtum. Südlich von Euskirchen beginnt ein Gebiet, das sich nach Südwesten bis Prüm erstreckt und als Kalkeifel bezeichnet wird. Charakteristisch für diese Region sind Kalkmulden, z.B. die Sötenicher, Blankenheimer und die Prümer Kalkmulde. Wie kommt der Kalk in diese Gebiete? Von wegen „Preußisch Sibirien": vor 252 – 201 Millionen Jahren, im Erdzeitalter Trias, waren weite Bereiche der Eifel von einem flachen, subtropischen Meer bedeckt und das Klima war fast durchgehend deutlich wärmer als heute. In dieser Zeit entstanden in der Eifel drei Gesteinsarten: Buntsandstein, Keuper und Muschelkalk. Die Niederrheinische Bucht, die im Westen und Süden an die Eifel grenzt, senkte sich ab und von Norden kommend, breitete sich ein flaches, warmes Meer über das Festland aus. Korallen bildeten große Riffe. Durch ihre Skelette und die Kalkschalen der Muscheln entstanden kalkreiche Sedimentgesteine mit vielen Fossilien. Im Lauf der Erdgeschichte zog sich das Meer zurück und das Kalkgestein war über Jahrmillionen der Erosion ausgesetzt. Besonders stark wirkte diese sich auf die Kuppen der Hügel aus. Ältere, darunterliegende Gesteinsschichten traten zutage. Der Kalk blieb oft nur in den Mulden erhalten.

Der Ort Bürvenich liegt im Grenzbereich von Voreifel und Zülpicher Börde. Die leicht hügelige Landschaft südlich des Ortes ist geprägt von Kuppen aus Muschelkalk und Bachtälern. Der Bürvenicher Berg ist ein langgezogener Höhenrücken mit typischer Kalkmagerrasen-Flora. Der Boden erwärmt sich hier im Frühling schnell. Zeitgleich mit den Schlehenbüschen, den ersten Veilchen und Schlüsselblumen beginnt die Blüte der seltenen Kuhschellen, auch Küchenschellen genannt. Seidig behaart, mit lila Blütenblättern und gelbem Pollen sind sie wunderschön anzusehen. Ihre Blütezeit ist kurz und es gehört etwas Glück dazu, den richtigen Zeitpunkt zu erwischen. Doch nicht nur im zeitigen Frühling lohnt ein Besuch, im Juni blühen zarte Orchideen, wie z.B. der „Hängende Mensch" (Orchis anthropophora). Eine Fülle verschiedener Kräuter und Pflanzen gedeihen auf dem nährstoffarmen Boden.

Aus landwirtschaftlicher Sicht bringen diese Kalkböden allerdings wenig Ertrag und wurden deshalb

*Die Küchenschelle (Pulsatilla vulgaris)*

*Veilchen (Viola)*

*Blick vom Bürvenicher Berg im April*

*Blühende Weissdornhecken*

früher oft als Ödland bezeichnet. Da eine Düngung mit Stickstoff die Fruchtbarkeit schnell erhöht, ist es nicht verwunderlich, dass Kalkmagerrasen selten geworden sind. Andererseits gehören sie in Nordwesteuropa zu den artenreichsten Lebensräumen – eine Eigenschaft, die zunehmend an Bedeutung gewinnt. Deshalb stehen die kargen Wiesen oft unter Naturschutz. Der Bürvenicher Berg ist zusammen mit dem nahegelegenen Trötschberg ein Natura 2000 Schutzgebiet. „Die Natur Natur sein lassen" ist jedoch auch nicht die Lösung, denn schon nach kurzer Zeit würden die offenen Flächen mit Büschen zugewachsen sein. Das Besondere an diesen Wiesen ist, dass sie sich in ihrer bunten Vielfalt nur im jahrhundertelangen Zusammenspiel mit einer traditionellen, extensiven landwirtschaftlichen Nutzung entwickeln konnten. Vertragsnaturschutz mit schonender Beweidung und düngerfreie Mahd tragen heute wesentlich dazu bei, diese ganz besonderen Wiesen zu erhalten.

Detailreicheres Wissen lässt sich erwandern! Ab dem „Eifelblick" bei Bürvenich führt ein 2,5 km langer, geologischer Wanderweg mit Informationstafeln durch die Landschaft. Die gut markierte EifelSchleife „Berg Und Tal" ist mit 9 km etwas länger und startet in Floisdorf (siehe Tipps / Wandern).

*links: im Vordergrund der magere Boden*
*rechts: echte Schlüsselblume und Veilchen*

## Tipps & Infos

Etwa Mitte April, gleichzeitig mit der Kuhschelle blühen die Schlehenbüsche, Veilchen und die ersten Schlüsselblumen. Die Blühdauer der Kuhschelle ist kurz. Die Orchideen blühen im Juni. Tolle Aussicht: jederzeit!
Tourist-Information Zülpich, T. 02252 52212
zuelpich.de

**LVR-Freilichtmuseum**, Eickser Str., Mechernich-Kommern kommern.lvr.de

**Kakushöhle** bei Mechernich-Dreimühlen, Kakusstraße 1 eifel.info/a-kakushoehle-1

**Wandern**
**EifelSchleife Berg und Tal**, 9 km langer Rundweg, Start bei der Lourdes Grotte, Brunnenstraße 3 in Mechernich-Floisdorf Der Weg ist gut ausgeschildert. wanderwelt-nordeifel.de/eifelschleifen

**Geologischer Wanderpfad** in Bürvenich, 2,5 km, mit Infotafeln zur Geologie
**Anfahrt:** Stephanusstraße, am Ortsausgang nach links auf Waldstraße, dann 1. Straße rechts bis zum Parkplatz am Waldrand
(50.64496463301062, 6.586001136628782)

**Gastronomie & Übernachten**
**Café Habrich**, Vogteistr. 45, Mechernich-Floisdorf, cafe-habrich.de
**Bauerncafé**, Zehntscheune Eicks. Am Auel 1, Mechernich-Eicks, zehntscheune-eicks.de

In Kommern gibt es mehrere Restaurants und Cafés

**Hotel Stollen**, Kölnerstraße 58, Mechernich-Kommern, T. 02443 317511, Besonderheit: Bergische Kaffeetafel hotel-restaurant-stollen.de

*Vierbeinige Naturpfleger unterwegs*

# Bosfagne – das blumenreiche Venn

Filigrane, kleine, weiße Sternchen – die Wassermiere (Stellaria aquatica)

Die seltene Moorlilie (Narthecium ossifragum)

*Besenheide (Calluna vulgaris)*

*Die Wald-Engelwurz (Angelica sylvestris) blüht in weiß und rosa.*

Das bekannteste und größte aller Venngebiete ist das Hohe Venn, doch im Umfeld gibt es noch viele kleinere Venngebiete, die manchmal einen ganz besonderen Reiz haben. So ein Kleinod ist das Bosfagne am südlichen Rand des Hohen Venn bei Sourbrodt. Seine ungewöhnliche Pflanzenvielfalt begeistert nicht nur Biologen! Moorige und bewaldete Bereiche wechseln sich ab und entlang der Kleinen Rur gibt es feuchte und nährstoffreiche Auen mit einer üppigen Hochstaudenvegetation. Ein kleiner Rundweg (5 km) bietet zu jeder Jahreszeit ein beglückendes Erlebnis für alle, die sich an kleinen, bunten Blüten erfreuen können.

Start zum **Rundweg**: Sourbrodt, Parkplatz Parking de l´Eau Noire, an einer Seitenstraße der Rue de la Roer (50.49218531739816, 6.131014559942179)

Kurz vor dem Parkplatz beginnt der Sentier de la Trientale (Pfad des Siebensterns). Wenn man am Ende des Wegs nach links abbiegt, geht es weiter zum Venngebiet Nesselo, dann nach links durch einen Wald, danach links halten und zurück zum Ausgangspunkt.

Hier finden Sie die GPX Daten und weitere Infos komoot.de/smarttour/92265

# Das Hohe Venn

***… düster und abweisend, gleißend hell und berauschend schön. Immer ein Erlebnis!***

Die ausgedehnten Hochmoore des Hohen Venns wirken urwüchsig wie kaum eine andere Landschaft in Mitteleuropa. Das raue Klima und die vielen Regenschauer, die die von Westen kommenden Wolken auf dem Hochplateau abladen, schufen hier eine Landschaft, die oft an arktische Regionen erinnert.

*Moospolster aus Frauenhaarmoos im nördlichen Brackvenn*

*Steg im Platten Venn, Teil des südlichen Brackvenns*

# Typisch Venn

Als zum Ende der letzten Eiszeit, vor etwa 10.000 Jahren, die Hochfläche zwischen Belgien und Deutschland abtaute, bildeten sich auf den wasserstauenden Tonschichten Hochmoore. Die Torfmoose hielten das Regenwasser fest und aus den abgestorbenen Moosen entstand im Lauf der Jahrtausende eine Torfschicht von bis zu 7m Dicke.

Als urwüchsig und geradezu archaisch erleben wir diese Landschaft heute. Seltsame Quarzitblöcke, die Vennwacken, sind Relikte aus einer 500 Millionen Jahre alten Gesteinsschicht des Kambriums. Palsen, auch Lithalsen oder Mooraugen genannte Formationen entstanden, als nach der letzten Eiszeit die Böden langsam auftauten. Doch auch die Menschen haben das Erscheinungsbild dieser Landschaft geprägt. Bereits im Mittelalter begannen sie mit der Nutzung der Moorgebiete: Abholzung der Wälder, Beweidung vor allem mit Schafen und seit dem 17.Jahrhundert Torfabbau. Der Torf diente als Energiequelle für Gebäude und die aufblühende Tuchindustrie in Monschau, Verviers, Eupen und Malmedy. Im 19. Jahrhundert wurde zur Entwässerung ein Kanalsystem im Moor errichtet, um Fichtenwälder für die Holzwirtschaft anbauen zu können. Durch menschlichen Einfluss entstanden so verschiedene Bereiche, die an ihrem Bewuchs auch heute noch klar unterschieden werden können. 2007

startete das LIFE-Projekt „Hohes Venn" mit dem Ziel der Renaturierung von Heiden und Mooren. Die Heidegebiete des Venns werden meistens als natürliche Landschaften wahrgenommen, dabei sind sie das Ergebnis extensiver Landwirtschaft. Um diese wunderschönen Gebiete als Zeugnisse der Geschichte zu erhalten, werden wieder Schafe zur Beweidung und Mahd eingesetzt.

Zunehmend spielt der Tourismus eine wichtige Rolle. Um dem Besucherinteresse gerecht zu werden und dabei doch die Natur angemessen zu schützen, gibt es seit 2021 von belgischer Seite Überlegungen, im Hohen Venn einen Nationalpark zu errichten.

*Kleine blaue Tupfer, die Glücksgefühle auslösen können: der seltene Lungenenzian*

*Grenzstein auf der Vêcquée. Mitten durch das Hohe Venn verlief bei Baraque Michel in der Römerzeit eine Straße, die heute La Vêcquée genannt wird. Später bildete die Straße die Grenze zwischen dem Königreich der Vereinigten Niederlande (ab 1830 dem Königreich Belgien) und dem Königreich Preußen. Nummerierte Grenzsteine markierten den ehemaligen Grenzverlauf. Viele dieser Grenzsteine sind auch heute noch erhalten.*

*Der „Gespensterwald“ Noir Flohay im Fagne des Deux Séries*

*Schlichte Holzkreuze – sie zeugen von Gelübden und Tragödien oder markieren alte Pilgerwege. Pilgerkreuz im Imgenbroicher Venn.*

*Herbstliche Fliegenpilze im Kutenhart-Venn*

# Große Weite – eine geführte Wanderung in der C-Zone

Das Moor im Hohen Venn ist in verschiedene Schutzzonen unterteilt. Die C-Zone darf nur zu bestimmten Zeiten und in Begleitung eines anerkannten Naturführers der Natur- und Forstverwaltung betreten werden. Unsere Tour wird von der zertifizierten Naturführerin Iris Köhler begleitet.

Es ist Anfang August und eine bunt gemischte Gruppe findet sich auf dem Parkplatz von Baraque Michel ein. Wasserfeste Schuhe, Wanderstöcke, Rucksackverpflegung und wetterfeste Kleidung sind angesagt. Veranstaltet wird die Tour vom Naturzentrum Haus Ternell. Zunächst wandern wir ein Stück in der B-Zone, dann zweigen wir ab in die C-Zone, das „Fagne des Deux Séries". Trittspuren sind zwischen den Pfeifengrasbüscheln oft nur noch zu ahnen und die Wanderstöcke machen plötzlich Sinn. Eigentlich ist nie zu erkennen, was der nächste Tritt mit sich bringt: ist der Boden schief, sumpfig oder ist hier gerade Wasser? Wir kommen deswegen nur langsam voran. Statt des angekündigten wechselhaften Wetters, klart der Himmel auf. Kein Baum spendet Schatten, und Sonnenschutz wäre jetzt sehr sinnvoll. Eine Schar hungriger Bremsen begleitet uns. Den kleinen Widrigkeiten steht das Erleben einer großartigen Weite gegenüber, die, wenn man es zulassen kann, auch das Herz erfüllt.

Im Fagne des Deux Séries wurde im 19. Jahrhundert ein systematisches Netz an Entwässerungskanälen angelegt, mit dem Ziel, das Gebiet durch Fichtenpflanzungen landwirtschaftlich zu nutzen. Der Plan scheiterte, da die Böden trotz aller Maßnahmen zu nass blieben. Durch die Entwässerung hat sich allerdings das Pfeifengras in vielen Bereichen stark vermehrt und die typische Moorfauna zurückgedrängt. Die Gräben wurden deshalb inzwischen teilweise wieder verschlossen.

*Lithalsen oder Palsen sind ringförmige Wälle, die einen Moortümpel umschließen. Lange Zeit wurde über ihre Herkunft gerä selt. Sie entstanden durch Gefrierungsprozesse während der letzten Eiszeit. Im Boden bildeten sich große Eislinsen, die Stein und Boden an die Ränder drängten. Mit der Erwärmung schmolz das Eis und die entstandenen Löcher füllten sich mit Wasse*

# Das Birkhuhn – ein Eiszeitveteran

2017 schlugen die Wissenschaftler Alarm: nur noch zwei Männchen und ein Weibchen der Spezies Lyrurus tetrix konnten im Hohen Venn gezählt werden! In den 70er Jahren waren es noch 200, doch der Bestand hatte trotz Schutzmaßnahmen rapide abgenommen. Die Universität Lüttich und das Königliche Belgische Institut für Naturwissenschaften nahmen sich der Sache an und bekamen die Genehmigung aus Schweden Birkhühner zu importieren. 10 Männchen und acht Weibchen wurden mit GPS-Sendern ausgestattet und es sieht so aus, als würde sich die Population im Venn langsam erholen. Schweden oder Hohes Venn – das irritiert die Tiere offenbar wenig, doch in anderen Bereichen sind sie hochsensibel. Schneereiche, und damit nahrungsarme Winter überlebt das Tier, indem es sich von einem Baum herab in den weichen Schnee fallen lässt und vollständig eingräbt. Dieses Iglu verlässt das Birkhuhn nur morgens für 2–3 Stunden, um Nahrung zu suchen. Bei Störungen, z.B. durch Langläufer, besteht die Gefahr, dass das scheue Tier zu viel Energie verbraucht und verhungert. Auch bei den rituellen Balztänzen im Frühling lassen sich die prächtigen Hähne nicht gerne irritieren. Die unscheinbaren weiblichen Tiere brüten am Boden – eine Störung kann die Aufzucht beeinträchtigen. Bitte haben Sie Verständnis für die wenigen Birkhühner, die seit der Eiszeit hier überlebt haben und halten Sie sich an die Schutzbestimmungen in den C-Zonen!

*Das schmucklose „Kreuz der Verlobten" zeugt von einer tragischen Geschichte aus dem Jahr 1871. Neben dem Kreuz befindet sich ein alter Grenzstein.*

# Das Kreuz der Verlobten

Ein schlichtes Holzkreuz zeugt von einem wahrhaft tragischen Unglück, das sich 1871 im Hohen Venn bei Baraque Michel an einem kalten Januartag ereignete. Damals machten sich François (Franz) Reiff und Maria Josepha Solheid in Jalhay um die Mittagszeit auf den Weg, um im ca. 20 km entfernten Xhoffraix, dem Geburtsort Marias, die Papiere für die geplante Hochzeit zu besorgen. Sie kannten den Weg und achteten nicht auf die Warnungen ihrer Wirtsleute. Schnee begann zu fallen. Er bedeckte die Wege und sie waren kaum mehr erkennbar. Die Orientierung fiel ihnen im dichten Schneegestöber immer schwerer. Geschwächt von Hunger und Kälte brach Maria ohnmächtig zusammen. Ihr Verlobter dachte, sie wäre tot und versuchte zurück zu gehen. Doch er verirrte sich im Schneegestöber und erfror. Maria jedoch erwachte wieder und versuchte verzweifelt, alleine weiter zu gehen. In der Nähe des Grenzsteins 151, nur 1,8 km vor Baraque Michel, verließen sie die Kräfte und sie starb. Tiefer Schnee legte sich auf die Toten. Sie wurden erst zwei Monate später, nach der Schneeschmelze gefunden. An dieser Stell wurde später das Kreuz der Verlobten (Croix des Financés) errichtet.

Das einfache Holzkreuz befindet sich an einem alten gallischen Weg, der Vêcquée, die später zur Römerstraße wurde. Im Mittelalter spielte diese Straße als Via Mansuerisca eine wichtige Rolle. Sie führte über das moorige Hochplateau des Hohen Venn und war zugleich Grenzlinie zwischen dem Königreich der Niederlande, Belgien und Preußen. Nördlich der Straße liegt das Große Venn und südlich das Venngebiet Herbôfaye.

Bereits vor dem tragischen Tod der beiden Verlobten haben sich immer wieder Menschen hier oben verirrt. 1831 ließ Henri-Toussaint Fischbach in der Nähe von Baraque Michel eine nach ihm benannte Kapelle erbauen. In dem kleinen Glockenturm wurde deshalb über Jahrzehnte nachts eine Laterne als Leuchtfeuer angezündet, ebenso läuteten die Bewohner von Baraque Michel bis 1865 am Abend die Glocke der Kapelle, um Verirrten den Weg zu weisen. Im 19. Jahrhundert wurde dadurch rund 120 Personen das Leben gerettet.

## Infos

### Das Hohe Venn in Zahlen

Größe der Venngebiete 600m², davon 133m² in Deutschland
Klima: durchschnittliche Niederschläge 1400 bis 1500 mm mit einem Maximum im Dezember und Januar und einem Minimum im Mai, Niederschläge an 230 Tagen im Jahr, Nebel an 178 Tagen, 113 Frosttage, durchschnittlichen Jahrestemperatur 6,5° C
Naturschutzgebiet seit 1957
Höchster Punkt 694 m, beim Signal de Botrange

## Naturparkzentren und Tourist-Info

### Naturzentrum Haus Ternell

Zentrum für Umweltpädagogik, Tourismusbüro, Museum und Bistro: Ternell 2/3, 4700 Eupen,
T. +32 87 55 23 13, ternell.be

### Naturparkzentrum Botrange

Tourist-Büro, Geschäft, Museum und Bistro
Route de Botrange 131, 4950 Waimes
T +32 80 44 03 00 botrange.be

**Tourist-Info am Signal de Botrange**
Route de Botrange 133 B, 4950 Robertville-Waimes, T. +32 80 44 73 00, tourisme@waimes.be

### Tourismusagentur Ostbelgien

ostbelgien.eu

### Deutsch-Belgischer Naturpark Hohes Venn-Eifel

naturpark-eifel.de

*Der größte und berühmteste Vennwacken ist Kaiser Karls Bettstatt bei Mützenich.*

**Wandern, Radfahren, MTB**

- Info-Tafeln mit Wanderkarten gibt es bei allen Wanderparkplätzen.
- Informationen für den **wallonischen Teil des Hohen Venns** belgien-tourismus-wallonie.de
- Digitaler Wanderroutenplaner **Ostbelgien** ostbelgien.eu

Mit diesem Online-Routenplaner und der dazugehörigen **App GO eastbelgium** kann jeder seine Wanderung individuell zusammenstellen und später mit dem Smartphone oder GPS-Gerät erwandern.

**Wanderkarte kaufen**: ostbelgien.eu/shop

**Gastronomie & Übernachten**

**La Baraque Michel**, T.+32 80 44 48 01
Baraque Michel 36, B-4845 Jalhay
baraquemichel.com
Auch am Wochenende bis 16:30 geöffnet

Wunderbares Holzofenbrot **Bäckerei Bon Pain fait Main** bei Baraque Michel
baraquemichel.com

**Senfmühle Monschau** (Schnabuleum)
senfmuehle.de
**Brasserie Belgium Peak Beer**, Brauereischänke in Sourbrodt peakbeer.be
**Le petit Mont Rigi**, Bistro mont-rigi.be
**Le Moulin du Bayehon**, zwischen Longfaye und Fischvenn lemoulindubayehon.be

## Schutzzonen

**Zone B**: Betreten nur auf markierten Wegen erlaubt. (außer anders vor Ort angegeben)
**Zone C:** Betreten nur in Begleitung eines Beamten der Natur- und Forstverwaltung oder eines durch diese Verwaltung anerkannten Wanderführers.
**Zone D:** Betreten völlig untersagt.
**Hunde:** nur auf bestimmten Wegen erlaubt
**Rote Fahne:** Zugang verboten bei gehisster Fahne (Brandgefahr), aktuelle Infos: T. +32 80 44 72 73
Mo-Fr: 9 – 16 Uhr / Sa-So & feiertags: 10 – 16 Uhr

*Die Nacht senkt sich über das Herbôfaye bei Baraque Michel*

# Schöne Aussichten

Wer die Eifel und die östlichen Ardennen nicht gut kennt, mag sie einfach für hügelige Landschaften halten. Das stimmt jedoch nicht ganz, denn diese sanft geschwungenen Hügel liegen insgesamt deutlich höher als ihre Umgebung. Bergrücken, wie die Schneifel und das Hohe Venn, durchziehen im westlichen Teil die Hochfläche mit bis zu 700 Metern Höhe. Einzelne Vulkankegel, wie z.B. die Hohe Acht, mit 747 Meter der höchste Berg der Eifel, überragen die Hügellandschaft. Monschau, im Tal der Rur, liegt immer noch auf 517, Hillesheim auf 440 und Sankt Vith auf 480 Metern Höhe. Städte, die an die Eifel und Ardennen grenzen, liegen dagegen erheblich tiefer: Köln auf 53, Trier auf 146 und Lüttich auf 70 Metern Höhe. So ist es auch nicht verwunderlich, dass das Klima in Eifel und Ardennen deutlich rauer ist.

Von den Aussichtspunkten schweift der Blick entspannt über weite Hügel oder man blickt hinab in Täler, die sich tief in das Hochland geschnitten haben: schöne Aus- und Einsichten!

Die sogenannten Eifel-Blicke sind eine Initiative des Deutsch-Belgischen Naturparks und des Rureifel-Tourismus Vereins, verzeichnet auf eifel-blicke.de.

Sie sind gut ausgeschildert und Panoramatafeln erklären, welche Berge, Seen, Burgen und Dörfer in der Umgebung zu sehen sind.

Allerdings erfassen die Eifel-Blicke nur eine Auswahl, darüber hinaus gibt es zahlreiche weitere Aussichtspunkte in der Eifel, die ein beeindruckenes Landschaftserlebnis bieten.

*Kaiser-Wilhelm-Turm auf der Hohen Acht*

1 Am Ettringer Bellerberg
2 Im Kylltal, Burg Ramstein
3 Bieley bei Bütgenbach
4 Dronketurm bei den Dauner Maaren
5 Kalvarienberg im Wacholdergebiet Alendorf
6 Monschau vom Panoramaweg gesehen
7 Liesertal, Manderscheider Burgen
8 Lydiaturm am Laacher See
9 „Landesblick“ am Meerfelder Maar

10 Bei Zemmer, Fidei
11 Aussichtspunkt Hirschley auf dem Kermeter
12 Urfttalsperre
13 Burg Nideggen
14 Hönselberg bei Üxheim
15 Sonnenaufgang auf dem Burgberg bei Bergstein
16 Der Krawutschketurm auf dem Burgberg

# Der Vulkanhof

## Mit Mut, Experimentierfreude und gutem Marketing zum Vulkaneifel-Terroir

Ziegen sind der Eifel heute ein eher ungewöhnlicher Anblick. Die Ziege galt hier als Kuh des armen Mannes und wurde höchstens gehalten, um etwas Milch und Fleisch für den Eigenbedarf zu haben. Schafe hatten gegenüber Ziegen immerhin den Vorteil, dass sie auch Rohwolle lieferten. Nach dem Niedergang der Eifeler Textilindustrie wurde jedoch die Kuhhaltung zum absoluten Standard für die Bauern der Eifel.

Auch der Vulkanhof in Gillenfeld, der seit 1961 besteht, war lange Zeit ein reiner Kuh-Milchbetrieb. Inge Thommes-Burbach übernahm ihn 1985 von ihren Eltern. Anfang der 90er Jahre gingen die Milch- und Fleischpreise immer weiter nach unten. 1992 kam ein anderes Problem dazu: BSE, auch Rinderwahn genannt. Wie einen neuen Weg finden? Zwei Impulse fügten sich zusammen: Inge Thommes-Burbach begeisterte sich auf einer Frankreichreise für Ziegenkäse, und ihre Tochter Manuela lernte im Zusammenhang mit ihrem Studium der Landwirtschaft auf einem Versuchsgut die Ziegenhaltung kennen. Die Menschen der Eifel sind nicht nur sehr traditionsbewusst, sondern, wenn es darauf ankommt, auch tatkräftig und entschlossen! Inge Thommes-Burbach und ihre Tochter erwarben 37 Ziegen. Der Anfang war nicht leicht. Ihre Idee stieß rundum auf Ablehnung und ein regionaler Markt für Ziegenprodukte war einfach nicht vorhanden.

*Der Ziegenkäse wird in traditioneller Handarbeit hergestellt und gleichzeitig achtet man im Vulkanhof auf absolute Sauberkeit.*

Widerstände und Schwierigkeiten lassen so manchen verzagen, bei anderen Menschen verstärken sie den Willen und aktivieren Kräfte. Vielleicht spielte an dem Punkt auch ein ganz anderer, unerwarteter Aspekt eine wichtige Rolle: Ziegen sind charmant. Sie sind sehr intelligente, lernfähige Tiere. Schnell werden sie zahm und suchen sich menschliche Bezugspersonen. Das sind Eigenschaften, die auch die Besucher des Vulkanhofs überraschen und so gar nicht dem Image der „dummen Ziege" entsprechen. Kaum dass die Besucher und Besucherinnen den Ziegenstall betreten, suchen einige Tiere die Nähe der Menschen und begrüßen sie freundlich. Der Verhaltensforscher Dr. Alan McElligott von der University of Roehampton hat sich intensiv mit Ziegen beschäftigt und herausgefunden, dass sie in der Lage sind, menschliche Ausdrucksformen wie Mimik und Gestik zu erkennen und zu deuten. Außerdem: lächeln sie nicht immer freundlich?

Für Inge Thommes-Burbach und ihre Tochter Manuela war klar: Sie wollten die Stärken und Ressourcen ihrer Heimat konsequent nutzen und dafür eine tragfähige Vermarktungsstrategie entwickeln. 1995 – Manuela hatte inzwischen eine Zusatzausbildung als Käsemacherin absolviert – wurde der Betrieb auf reine Ziegenhaltung umgestellt. Mit dem Ziel ohne Kompromisse ein reines, regionales Naturprodukt herzustellen, wurde eine Käserei angegliedert. Inzwischen hat Inge Thommes-Burbach die Leitung des Unternehmens weitergereicht. Heute arbeitet ihre Tochter Manuela Holtmann – inzwischen verheiratet – gemeinsam mit ihrem Mann, Michael Holtmann und dem Sohn Klaus Holtmann in dem Familienunternehmen, das längst mehr ist, als ein rein landwirtschaftlicher Betrieb.

Zum Kern-Team rund um die 200 Ziegen gehört auch Martina Weber, die für Hofführungen, die Käseschule und das Marketing zuständig ist. Klaus Holtmann bietet darüber hinaus Wanderungen mit Ziegen an – für Interessierte eine gute Gelegenheit den Charakter der Tiere kennenzulernen! Der Hof ist inzwischen auch bei den Einheimischen anerkannt, dennoch spielt der Tourismus für den Ertrag eine wichtige Rolle. Die Regionalmarke EIFEL ist in dem Zusammenhang ein wichtiger Partner geworden. Mitgliedschaften in anderen Organisationen und auf Plattformen, wie z.B. Lernort Bauernhof, einkaufen-auf-dem-bauernhof, CroudFarming, Slowfood, Marktschwärmer und natürlich auch instagram und facebook, Qualitätspreise von **hofkäse.de** – all das zeigt, wie gut vernetzt der Betrieb ist.

Anerkennung erfuhr der Vulkanhof von der Zeitschrift Der Feinschmecker in der er als eine der besten Käsereien ganz Deutschlands ausgezeichnet wurde. Zu den Kunden zählen inzwischen auch renommierte Restaurants und Käsefachgeschäfte, vom KaDeWe in Berlin bis zum Hotel

Sonnora in Dreis (drei Michelin-Sterne). Der Weg vom nicht einmal regional anerkannten Nischenprodukt zum überregional geschätzten Vulkaneifel-Terroir war nicht einfach, aber dank Hartnäckigkeit, Qualitätsbewusstsein und geschicktem Marketing von Erfolg gekrönt.

*oben:*
*Martina Weber, Klaus Holtmann und Manuela Holtmann*

*rechts: Im Hofladen*

*unten:*
*Ungefähr 200 Ziegen befinden sich in dem offenen, hellen Stall, der mit Stroh ausgelegt ist.*

# Die Käseschule

Ein besonderes Angebot des Vulkanhofs ist die „**Käseschule**". In einem 3-4stündigen Workshop können die Teilnehmer hier einen Käse nach Feta-Art in traditionell handwerklicher Weise selber herstellen und zum Schluss mit nachhause nehmen.

Draußen ist es winterlich, doch im Seminarraum ist es angenehm warm. Eine konstante Temperatur und Hygiene sind bei der Käseherstellung äußerst wichtig. Nachdem wir zu der 34°C warmen Milch Lab und Starterbakterien zugefügt haben, wird die Milch dreimal in die eine Richtung und dann einmal zum „Stoppen" in die andere Richtung gerührt. Ein magisches Ritual? Wohl eher Erfahrungswissen! Jetzt muss die in ihrer Konsistenz veränderte, „dickgelegte" Milch ruhen und wir sind angehalten, sehr vorsichtig nach draußen zu gehen. Die Holzdielen des Bodens dürfen keine Erschütterungen weiterleiten.

Zeit für die Stallbesichtigung! In dem großen, lichten Stall befinden sich 180 Milchziegen, zusätzlich gibt es aktuell 80 Ziegen in der Nachzucht. Absolut überraschend ist, dass der typische „böckelnde" Ziegengeruch komplett fehlt. Im Gegenteil: es riecht angenehm nach dem üppig ausgelegten goldgelben Stroh. Es dauert nicht lange und einige Ziegen kommen, um die Besucher freundlich zu begrüßen. „Warum dürfen die Tiere nicht nach draußen?", diese Frage stellt sich schnell. Es ist nicht nur das feuchte Klima, das den Ziegen nicht guttut, sie vertragen auch das saftige, grüne Gras nur in geringen Mengen. Im Spätwinter sind die unverkauften Weihnachtsbäume dagegen ein Leckerbissen für sie! Die Vorfahren unserer Hausziegen stammen aus warmen, trockenen Regionen des Vorderen Orients und an der Vorliebe für dieses Klima und trockenes, eher knuspriges Futter haben auch 13.000 Jahre Domestizierung nicht viel geändert. Bei Heu besteht auch kein Parasitenalarm für die Ziegen. Martina Weber beantwortet alle Laien- und Fachfragen mit viel Geduld und Sachkenntnis. Weiter geht es zum Melkstand, danach in die Käserei und zum Hofladen.

Hier zeigt sich wieder die Experimentierfreude von Manuela Holtmann, denn im Angebot sind auch Pralinen aus feinster belgischer Schokolade und einer Füllung mit einem Hauch von „Eifelmilde", eine Kreation der Brüder Hanf von Belgian Chocolate Design, speziell entwickelt für den Vulkanhof. Dass dies funktioniert, hängt mit dem überraschend feinen Aroma der Vulkanhof-Ziegenmilch zusammen. Im Unterschied zu Kuhmilch nimmt Ziegenmilch besonders schnell und leicht Gerüche aus der Umgebung an. Schnelle Verarbeitung und das Vermeiden von Luftkontakt spielen deshalb in der gesamten Produktion eine sehr wichtige Rolle. Nur so kann sich die besondere Geschmacksnote entfalten, die ihren Ursprung im Heu aus der Umgebung des Hofs hat – das spezielle Vulkaneifel-Terroir.

Inzwischen haben Lab und Starterkulturen ungestört ihre Arbeit getan und der nächste Schritt kann gemacht werden: mit einem speziellen Messer wird die dickgelegte Milch zerschnitten. Erstaunlich, wie schnell sich die Molke abtrennt! Das Gemisch wird nun in Becher gegeben, aus denen die Molke abfließen kann. Jetzt ist Zeit für eine Verköstigung. Überraschend ist, dass der Vulkanhof-Ziegenkäse eine angenehm frische Note hat. Der Geschmack des Ziegenfrischkäses verbindet sich sehr harmonisch mit den Kräutern aus der Außenschicht. Auch der Ziegenweichkäse mit Weichschimmelrinde zeichnet sich durch ein rundes, zartes Aroma aus und macht dem Namen Eifelmilde alle Ehre. Deftiger wird es bei den länger gereiften Käsesorten, wie z.B. dem 8 Monate lang gereiften Eifelwürze mit der essbaren, natürlichen Rinde.

Die Produkte des Vulkanhofs gibt es über den

hofeigenen Versand, Marktstände und andere Verkaufsstellen.

## Blöde Ziege und sturer Bock?

Erfahrung und Forschung zeichnen ein anderes Bild: sie sind intelligent, gewitzt, äußerst lernfähig und manchmal – für Menschen – unberechenbar. Wenn es um Futter geht, sind sie sehr durchsetzungsstark. Im Umgang mit Menschen sind Ziegen sehr freundlich und können eine starke Bindung aufbauen. Klaus Holtmann pflegt den täglichen Kontakt bereits zu den Zicklein. In der Herde haben Ziegen eine klare Rangfolge, die jeden Tag neu ausgefochten wird. Zugleich aber sind sie auch ausgeprägte Individuen. Eine will z.B. täglich am Bauch gekrault werden, sonst ist sie den ganzen Tag über „zickig". Für ihre Intelligenz spricht, dass sie sehr schnell lernen, wie sie erreichen, was sie wollen. Sie sind nicht nur neugierig, sondern auch erfinderisch. Forschungen haben bewiesen, dass sie die Stimmungen von Menschen erkennen können – und, wen wundert´s, sie interagieren lieber mit freundlichen Menschen.

Wie kommen die Ziegen dann zu ihrem schlechten Image? Vielleicht weil sie nicht bereit sind, ergeben das zu tun, was Menschen erwarten? Einige der positiven Eigenschaften, die Ziegen zugeschrieben werden, waren sicher auch für die Gründerinnen des Vulkanhofs hilfreich …

## Tipps

**Adressen und Links**

**Vulkanhof**, Vulkanstraße 29, Gillenfeld
T. 06573 9529928, vulkanhof.de
Hofladen Öffnungszeiten
Mo-Do: 10 – 12 Uhr, Fr-Sa: 10-17 Uhr
regionalmarke-eifel.de

**Wandern**

- Einmal rund ums kreisrunde Pulvermaar – entspannt und unkompliziert, ca. 3 km, Start Wanderparkplatz „Am Pulvermaar" (Nähe Campingplatz)
- Vulkanerlebnispfad Strohner Schweiz, 4,4 km, Start: Vulkanhaus in Strohn

geopark-vulkaneifel.de

**Baden**

Naturfreibad Pulvermaar, gillenfeld.de

**Sehenswertes in und um Gillenfeld**

vulkaneifel.com/gillenfeld/
Mariengrotte aus Lavagestein („Krotzen") am Kirchberg bei der Kirche St. Andreas
… und als Alternative: der „Lastahuddelhuppen" am südlichen Rand des Pulvermaars

Die Lavabombe in Strohn, Adresse: Zur Schweiz, Strohn, eifel.info/a-lavabombe

**Gastronomie & Übernachten**

**Eifeler Scheunencafé**
Holzmaarstraße 23, Gillenfeld, T. 06573 9526208
eifeler-scheunencafe.de
**Bauernhofcafe Morgenfelderhof**
Brunnenstr. 39, Eckfeld, T. 06572 933618
bauernhofcafe-morgenfelderhof.de
**Kucher's Genuss- & Businesshotel** in der Eifel in Darscheid, Karl-Kaufmann-Str. 2, Darscheid,
T. 06592 629, kucherslandhotel.de
**Michels Wohlfühlhotel & Restaurant**, Sankt-Martin-Straße 9, Schalkenmehren, T. 06592 928-0,
landgasthof-michels.de
**Pulvermaar Camping**
Am Pulvermaar 1, Gillenfeld, T.065 73 311
(außerhalb der Saison 065 733 97)
pulvermaarcamping.de

# Nachts in der Eifel

Es gibt
laute, gesellige Nachtveranstaltungen in der Eifel,
wie „Rursee in Flammen“, Karnevalsveranstaltungen,
Volks- und Weinfeste, die immer auch in die Nacht hinein gefeiert werden.
Zu Corona-Zeiten fand all das nicht statt.

Was blieb?
Etwas sehr Interessantes:
Die Nacht als sinnliche Erfahrung.

# Mit dem Nachtwächter durch Monschau

Tagsüber wird das idyllische Städtchen von Touristen geflutet, jährlich kommen fast 2 Millionen Tagesbesucher aus der ganzen Welt. Erstaunlicherweise hat Monschau trotz allem Trubel seinen besonderen Charme bewahrt. Wenn die Dämmerung einsetzt, wird es still. Die Gassen leeren sich und die Besucher kehren in ihre Pensionen und Hotels außerhalb der Altstadt zurück.

***Die Nachtwächterführung kann beginnen!***

Mit steinernen Lampenschalen, in denen ein Docht in flüssigem Talg oder Tran brannte, brachten schon unsere Vorfahren vor zirka 40.000 Jahren Licht in die Dunkelheit. Im Mittelalter gab es als Straßenbeleuchtung Kienspäne oder Lampen, die Öle oder Fette verbrannten. Bedenkt man, dass Monschau ebenso wie viele andere mittelalterliche Städte damals sehr eng und häufig mit strohgedeckten Holzhäusern bebaut waren, lässt sich ermessen, welche Gefahr von Feuerstellen und nächtlicher Beleuchtung ausging. Monschau gehörte im 18. Jahrhundert zum Herzogtum Jülich. Bereits 1757 wurde hier in einer Feuerschutzverordnung befohlen, dass „alle künftig erbaut werdenden Häuser nicht mehr mit Strohdächern, sondern nur mit Pfannenziegel oder Leyen (d.h. Schieferplatten) gedeckt werden" durften. Eine der wichtigsten Aufgaben der Nachtwächter war es deshalb, die Bürger bei Feuergefahr zu alarmieren. In der dunklen Nacht trieben sich natürlich auch allerlei „lichtscheue Gestalten" herum – der Nachtwächter brachte Licht ins Dunkel und sorgte so für mehr Sicherheit.

Ottmar Gillessen, unser Führer durch die stillen, nächtlichen Gassen von Monschau, weiß Interessantes, Amüsantes und Merkwürdiges aus vergangenen Zeiten zu berichten. Alles wirkt ein wenig irreal, fast wie eine Filmkulisse. Tatsächlich wurde und wird die Altstadt von Monschau immer wieder gerne als Drehort für Filme und Serien genutzt.

# Nachtwanderung im Hochwildpark Rheinland

Nachtwanderungen werden im Hochwildpark bei Mechernich während der Paarungszeit der Hirsche von September bis Oktober angeboten. Die Wanderwege führen meist zaunfrei durch große Freigehege. Da die Tiere an Menschen gewöhnt sind, besteht hier die Chance, Hirsche und anderes Hochwild in naturnaher Umgebung aus direkter Nähe beobachten zu können.

Wir treffen uns um 19 Uhr im Eingangsbereich mit Etienne Cousin, einem Wildpfleger des Parks. Die Führung ist ausgebucht und viele Familien mit Kindern sind dabei. Haustiere, Streichelzoo und Spielplatz sind diesmal jedoch uninteressant – die Hauptattraktion ist heute das Spektakel der Hirschbrunft. Als wir auf dem Weg in den Wald sind, wird es sehr schnell dunkel.

Ein Hirsch ist noch nicht zu hören, doch Etienne Cousin bietet Ersatz, denn er kann das Röhren unglaublich gut nachahmen. Er hat eine Ausbildung zum Jäger gemacht und dort das Röhren gelernt, um Hirsche anzulocken. „Je stärker ein Hirsch ist, umso tiefer klingt seine Stimme", erzählt er. Es sei nicht ganz leicht, als Stimmenimitator die richtige Tonlage zu treffen, denn hinter einer sehr tiefen Stimme vermuten andere Hirsche einen starken und kampferprobten Rivalen. Die Folge wäre, dass der Hirsch und sein Rudel das Weite suchen.

Wir gehen ein Stückchen weiter und plötzlich taucht von rechts nahe am Weg ein einzelner Hirsch auf. Unser Guide wird jetzt vorsichtig und führt uns möglichst geschlossen an dem Tier vorbei. Auf der anderen Seite, am Waldrand, ist in einer Entfernung von ca. 30 m deutlich ein Rudel Hirschkühe mit einem Platzhirsch zu erkennen.

Einige wenige mitgeführte Taschenlampen beleuchten den Weg. Der Nachteil ist, dass die Dunkelheit daneben noch tiefer wirkt. Aus Erfahrung weiß Etienne Cousin, dass sich in einem Bereich neben dem Weg gerne eine Wildschweinrotte aufhält. Er erzählt, dass man die Tiere oft riecht, bevor man sie sehen kann. Liebstöckel bzw. Maggi ist ihre spezielle Duftnote. Er leuchtet in den Wald hinein und erkennt in einiger Entfernung zwei kleine, leuchtende Punkte in Augenabstand: ein Wildschwein! Dann verschluckt die tiefe Dunkelheit die Punkte. Besser so, denke ich.

Der Wald ist einerseits ein mystischer Sehnsuchtsort, doch auch die Gefahr in Form von Dämonen und Geistern lauert dort – zumindest in Märchen und Sagen. Wildschweine mit messerscharfen Eckzähnen wirken eher wie eine reale Bedrohung. Immerhin kann das männliche Wildschwein, der Keiler, bis zu 200 kg wiegen. Nur gut, dass sie eigentlich den Menschen meiden und wohl noch mehr fürchten, als umgekehrt. Auch wenn man sich in der Gruppe mit drei Taschenlampen und einem Wildpfleger sicher fühlt, ein Hauch abgründiger Finsternis und Gefahr ist zu spüren. Mit anderen Worten: ein spannendes Erlebnis für alle!

Ein leichter Regen schafft eine besondere, schöne Geräuschkulisse, trotzdem freuen sich alle, als wir bei der überdachten Grillhütte mit dem gemütlich flackernden Feuer ankommen. Ein ausgezeichneter Wildeintopft (wahlweise vegetarische Kürbissuppe) rundet die Nachtwanderung auf angenehme Weise kulinarisch ab.

*Gemütlicher Ausklang in der Grillhütte*

## Info

Ein Ticket für eine **Nachtwächterführung in Monschau** können Sie erwerben bei
Monschau-Touristik, T. 02472 80480 oder über
ticket-regional.de
Auch andere Gemeinden und Städte bieten Führungen für Nachtschwärmer durch historischen Ortskerne an, z.B. die Kupferstadt Stolberg, Monreal, Kronenburg, Kaisersesch, Dahlem, Kerpen, Mahlberg und Königsfeld im Brohltal.

**Hochwildpark Rheinland**, Becherhofer Weg 71, Mechernich-Kommern, T. 02443 6532,
hochwildpark-rheinland.de
Preise: Erwachsene 8 €, Kinder 5 € / 7 €
März – Oktober: täglich 9 – 18 Uhr
November – Februar: täglich 10 – 17 Uhr

*Es dämmert bereits, als die Führung beginnt.*

*Zart und verletzlich wirkt diese Langohrfledermaus.*

# Fledermausnacht mit dem NABU in der Kakushöhle

Fossilien beweisen, dass es Fledermäuse bereits seit 50 Millionen Jahren gibt. Der Kartsteinfelsen bei Mechernich entstand vor ungefähr 300.000 Jahren durch durch Ausfällung von Kalk aus Wasser. Später wusch der Weyerer Bach Hohlräume aus dem Felsen und die Kakushöhle mit ihren Nebenhöhlen entstanden. Bis 80.000 Jahre vor unserer Zeitrechnung reichen die Siedlungsspuren der Neandertaler zurück. Vermutlich teilten sie sich damals bereits die Höhle mit Fledermäusen, die in dem verzweigten Höhlensystem auch heute noch ihre Schlafplätze haben. Der obere Teil der Kartsteinhöhlen ist mit Schutzgittern versehen, sodass die Tiere dort ungestört sind. Die großräumige Kakushöhle ist dagegen frei zugängig und sehr beliebt bei Touristen.

Markus Thies, der das Fledermaus-Monitoring in der Kakushöhle leitet, ist vom Vorstand des Naturschutzbundes (NABU) Südeifel und arbeitet als Fledermausexperte für den Verband. Unter anderem kümmert er sich um die Aufzucht von kleinen Babyfledermäusen, die verlassen aufgefunden werden.

Im August findet traditionell die Internationale Fledermausnacht statt. Eine gute Gelegenheit, die hochinteressanten Insektenjäger bei verschiedenen Veranstaltungen näher kennenzulernen! Die Veranstaltung in der Kakushöhle ist Teil des systematischen Monitorings lokaler Fledermausvorkommen. Für den Fang von Fledermäusen ist eine artenschutzrechtliche Ausnahmegenehmigung erforderlich.

Als wir uns um 20 Uhr bei der beliebten Kakushöhle treffen, sind die Touristen längst weg. Bevor die Dunkelheit alles einhüllt, werden unter Anleitung von Markus Thies in der Höhle spezielle Fangnetze, sogenannte Japan- oder Puppenhaarnetze, gespannt. Die Fäden der Netze sind dehnbar und extrem fein. So fein, dass die Fledermäuse sie kaum sehen, besser gesagt: hören können. Die

*In der weiträumigen Kakushöhle bei Mechernich werden unter Anleitung von Markus Thies haarfeine Netze aufgespannt.*

*Nach einer Weile hat sich die erste Fledermaus in dem Netz verfangen. Mit allergrößter Vorsicht befreit Markus Thies sie. Im Licht einer Taschenlampe findet eine erste Sichtung statt.*

Tiere orientieren sich durch Rufe im Ultraschallbereich, die als Echo von Gegenständen oder auch Insekten zurückgeworfen werden. Markus Thies erzählt, dass sie normalerweise sogar dieses zarte Gespinst orten könnten, doch die Fledermäuse haben jetzt, Mitte August, ihre Paarungszeit und werden im Rausch der Hormone etwas unachtsam.

Langsam nimmt die Dämmerung zu und wir halten vor der Höhle Ausschau nach den ersten Fledermäusen. Sie sind noch nicht zu sehen, doch da der Fledermaus-Detektor ihre für uns unhörbaren Ultraschalllaute „übersetzt", können wir bereits einige Rufe hören. Wie immer bei Tierbeobachtungen sind jetzt Geduld und Warten angesagt. Eine gute Gelegenheit für Markus Thies von Fledermäusen und seinen Erfahrungen mit ihnen zu erzählen. Die Laute lassen zwar Rückschlüsse über die Anzahl der Fledermäuse und teilweise auch die Fledermausart zu, doch um z.B. Erkenntnisse über ihren Gesundheits- und Ernährungszustand zu bekommen, ist es erforderlich, sie zu fangen, zu wiegen und zu vermessen.

Schließlich verfängt sich die erste Fledermaus im Netz. Markus Thies löst sie mit allergrößter Sorgfalt heraus. Es ist eine Zwergfledermaus. Wie zierlich und empfindlich sie wirkt! Zwergfledermäuse gehören zu den kleinsten ihrer Art und wiegen gerade mal 5 Gramm. Sie würden ohne Probleme in eine Streichholzschachtel passen. Um die Fledermaus auf die Waage zu legen, steckt er sie vorsichtig in einen Beutel. Danach vermisst er die Länge des Unterarmknochens, der sich im Lauf ihres Lebens nicht mehr verändert und Auskunft gibt über den Gesundheitszustand einer Population. Zuletzt markiert Markus Thies eine Kralle der Fledermaus mit rotem Nagellack, um doppelte Zählungen zu vermeiden. Nun darf das Tier weiterfliegen.

Fledermäuse galten bei uns lange Zeit eher als unheimliche Geschöpfe der Finsternis, denn als Mitgeschöpfe. Doch dieses Image hat sich inzwischen deutlich verändert. Sie sind geradezu Sympathieträger und Symboltiere für aktiven Naturschutz geworden. Als Markus Thiel eine Zwergfledermaus einer Teilnehmerin in die Hand legt, löst das zunächst viele, auch widersprüchliche Gefühle aus. So ein zartes, empfindliches Wesen in der Hand zu halten, ist ein sehr bewegendes Erlebnis. Dabei ist die Fledermaus nicht gruftig kühl, sondern warm und pelzig! Es ist eben ein Unterschied, ob man nur die Fakten kennt oder ob man etwas in einer dunklen, geschichtsträchtigen Höhle mitten in der Eifel mit allen Sinnen erlebt.

Es verfangen sich jetzt immer mehr Fledermäuse in den Netzen. Sie werden sorgfältig registriert und so schnell wie möglich wieder in die Freiheit entlassen. In der Kakushöhle wurden bisher gefunden: Großes Mausohr, Bechsteinfledermaus, Teichfledermaus, Graues Langohr, Braunes Langohr, Breitflügelfledermaus, Zwergfledermaus, Fransenfledermaus, Wasserfledermaus. Die Trockenheit 2020 hat der Insektenpopulation zugesetzt und damit ist auch der aktuelle Ernährungszustand der registrierten Fledermäuse nicht sehr gut. Insgesamt lässt sich jedoch sagen, dass sich die Fledermaus-Populationen gegenüber der Vergangenheit wieder leicht erholt haben. Das ist vor zu einem guten Teil den Maßnahmen von Naturschutzorganisationen zu verdanken.

Gegen Mitternacht werden die Netze abgebaut und die Veranstaltung ist zu Ende. Als wir aus dem Schutz der Höhle heraustreten, empfängt uns ein Wolkenbruch. Was für ein Kontrast!

*Es dämmert und die ersten Tiere sind dank Fledermaus-Detektor vor dem Höhleneingang zu hören.*

## Fledermäuse und SARS-CoV-2

Das für die Pandemie verantwortliche Coronavirus SARS-CoV-2 wurde bisher noch nie bei Fledermäusen nachgewiesen. Umgekehrt ist noch nicht klar, ob infizierte Menschen das Virus auf Fledermäuse übertragen können. Aktuelle Nachrichten dazu finden Sie auf der Webseite der Deutschen Fledermauswarte deutsche-fledermauswarte.org

Die traditionellen Fledermausnächte des NABU finden normalerweise Mitte August statt und sind verbunden mit einem Vortrag. Aufgrund der Einschränkungen durch Corona wurde lediglich eine private Veranstaltung mit 10 Personen unter der Leitung von Markus Thies durch die Verwaltung des Naturparks Nordeifel genehmigt. Bei dieser Batnight entstanden die Fotoaufnahmen.

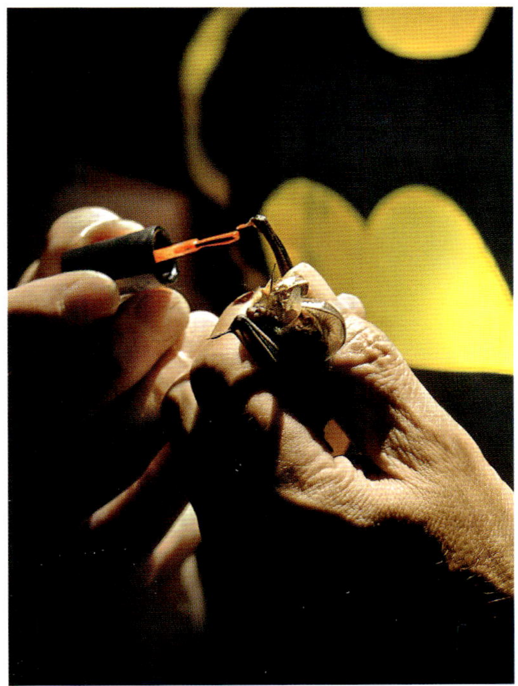

*Ein kleines Mitgeschöpf mit rot markiertem Fingernagel*

## Wussten Sie, dass …

- Fledermäuse die einzigen Säugetiere sind, die fliegen können?
- sie durch das Echo ihrer Rufe im Ultraschallbereich mit den Ohren „sehen" können?
- sie einen Magnetsinn haben und sich bei Langstreckenflügen an den Linien des Erdmagnetfeldes orientieren? (Dieses geheimnisvolle Sinnesorgan vermutet man in der Hornhaut der Augen.)
- manche Arten unter günstigen Umständen ein Alter von 20 bis 30 Jahren erreichen?
- sie hochsoziale Tiere sind, die die meiste Zeit des Jahres in Gruppen zusammenleben?
- unsere heimischen Fledermäuse in jeder Nacht etwa 30% des eigenen Körpergewichts an Nahrung zu sich nehmen? Die winzige Zwergfledermaus kann pro Nacht 1000 bis 2000 Mücken vertilgen, eine Wasserfledermaus frisst von April bis Oktober über 60.000 Insekten.
- Sie etwas für Fledermäuse tun können? Mehr dazu auf nabu.de (dort „Fledermauspatenschaft" ins Suchfenster eingeben)

## Tipps, Infos und Links

nabu.de
wikipedia.org/wiki/Fledermäuse
eurobats.org

**Anfahrt zur Kakushöhle**

**Bahn und Bus:** ab Bahnhof Mechernich mit dem Bus bis Mechernich-Dreimühlen, vrsinfo.de
**Auto:** Kakusstraße 0, Mechernich-Dreimühlen (zwischen Eiserfey und Weyer), GPS-Daten: 50.54438891530792, 6.659743698967578

**Einkehr**

**Café „Zur Kakushöhle"** in der Nähe des Höhleneingangs, cafe-kakushöhle.de

*Panorama mit Sonnenuntergang von der Beobachtungsstation aus gesehen*

# Wenn die Dreiborner Hochfläche zur Kampfarena wird

Die Dreiborner Hochfläche im Nationalpark Eifel war bis 2006 militärisches Übungsgelände und große Bereiche waren für Besucher gesperrt. Doch es sind nicht die Panzer, die zurückgekehrt sind, im Hebst, zur Brunftzeit, fechten die Hirsche hier ihre Kämpfe aus. Alle Jahre wieder beginnt im Frühjahr das Geweih der Hirsche zu wachsen und erreicht im Herbst seine maximale Größe. Rivalisierende Geweihträger lassen sich durchaus von der Größe des Geweihs und von der Lautstärke des Röhrens beeindrucken, auch spezielle Imponierschritte spielen eine Rolle. Wenn all das seine Wirkung verfehlt, kommt es zum Kampf: Geweih kracht frontal auf Geweih und schwere, manchmal sogar tödliche Verletzungen können die Folge sein. Für die Zeit der Kämpfe bevorzugen die Geweihträger verständlicherweise offene Flächen, wie z.B. die Weite der Dreiborner Hochfläche. Ist die anstrengende Brunftzeit vorbei, hat so ein Platzhirsch bis zu 20% seines ursprünglichen Gewichts verloren. Nach dem Winter fällt das Geweih ab und der Hirsch kann sich wieder etwas einfacher im Wald bewegen.

So markant das Röhren der Hirsche ist – sie sind zugleich äußerst scheue Tiere und deshalb selten zu sehen. Da die Nationalpark-Verwaltung wildlebende Tiere für Besucher erlebbar machen möchte, wurde auf der Dreiborner Hochfläche eine Aussichtsempore angelegt. Im Umfeld wird in einem Gebiet von 600 Hektar das Wild nicht bejagt, sodass das Rotwild hier inzwischen etwas weniger scheu ist. Dennoch gilt für die Besucher der Rothirsch-Aussichtsempore absolutes Ruhegebot. Hunde (außer Blindenhunde) sind nicht zugelassen.

*Röhrender Hirsch mit Geißen*

## Tipps

**Brunftzeit** ist von Ende September bis Mitte Oktober. Beste Beobachtungszeit Abend- und Morgendämmerung

**Unbedingt mitbringen**: Fernglas und warme Kleidung

**Adresse** der Beobachtungsempore: Schleiden-Dreiborn, Ende der Straße Thol (mit Parkplatz)

**Anfahrt mit Bus:** Haltestelle Dreiborn Kirche, GPS-Daten 50.540164, 6.393352

**weitere Infos** nationalpark-eifel.de Suchbegriff „Tierbeobachtung" eingeben

Ein Wanderweg auf der Dreiborner Hochfläche ist während der Brunftzeit für Wanderer **gesperrt**.

# *Perseiden-Nacht im Sternenpark*

Lange bevor die ersten Teilnehmer an der Perseiden-Nacht des Sternenparks eintreffen baut Harald Bardenhagen seine mobile Sternwarte auf. Der Platz liegt auf der Dreiborner Hochfläche, in der Nähe von Internationaler Platz Vogelsang, mitten im Nationalpark Eifel. In der Umgebung gibt es keine größeren Ortschaften oder Städte und deshalb nur geringe Lichtverschmutzung – eine wichtige Voraussetzung für die Sternbeobachtung und Basis für die Zertifizierung durch die International Dark-Sky Association (IDA). Das Problembewusstsein in Bezug auf Luftverschmutzung ist gewachsen, doch die Lichtverschmutzung wurde Jahrzehnte lang völlig ignoriert. „Aus rechtlicher Sicht gibt es noch keinen Schutz vor zu viel Licht, nur Empfehlungen", sagt Harald Bardenhagen.

Es ist der 10. August 2020 und 250 Leute haben sich angemeldet, um im Sternenpark die Sternschnuppen der Perseiden zu sehen. Harald Bardenhagen begrüßt alle persönlich, bevor sie sich mit ihren Liegestühlen und Decken auf der großen Wiese verteilen. Langsam, sehr langsam setzt die Dämmerung ein. Die Geräusche in der Umgebung verändern sich, das Licht wird weicher, mit dem Sonnenuntergang färben sich die Wolkenschleier rötlich. Die Luft ist immer noch sommerlich warm, doch nach und nach wird sie etwas feuchter und auch die Gerüche verändern sich. Warten ist angesagt. Für manche ist das eine geschenkte Zeit – für andere vielleicht eine Qual? Die Augen passen sich kontinuierlich an, doch alles wirkt etwas weniger klar konturiert und die Farben werden nicht mehr so differenziert wahrgenommen. Das Credo des Industriezeitalters „Zeit ist Geld" ist außer Kraft gesetzt, der Eintritt der Nacht lässt sich nicht beschleunigen. Geht so Muße? Auf jeden Fall ist die Atmosphäre auf der Wiese entspannt und angenehm.

Taschenlampen sind tabu, nur rote Lämpchen zur Orientierung z.B. an den Toiletten sind zu sehen. Rotes Licht beeinflusst die Anpassung der Augen an die Dunkelheit nicht. Schon bei einem Sekundenbruchteil Störung durch weißes Licht dauert es ungefähr 20 Minuten, bis die Sicht im Dunkeln wieder optimal ist.

In der zunehmenden Dunkelheit scheint sich alles in der Umgebung zu verbinden, Grenzen

**Hier geht es nicht darum, Licht in die Finsternis zu bringen – im Gegenteil, alle Anwesenden warten auf die Dunkelheit.**

dazwischen werden unklar, auch in Bezug auf den eigenen Körper. Eine Art von Verschmelzung, von Auflösung findet statt. Der Himmel dagegen scheint sich zu weiten und eine geheimnisvolle Tiefe zu gewinnen. Die ersten Sterne sind mit bloßem Auge zu erkennen. Das dunkle, geradezu mystische Blau des Himmels scheint zu leuchten. Am Horizont ist rundherum eine unterschiedlich starke, orange Zone zu erkennen: Lichtsmog,der Widerschein der Straßenbeleuchtung ferner Ortschaften.

Schon ab 23 Uhr zeichnet sich die Milchstraße deutlich am Himmel ab und alle haben Gelegenheit durch eines der drei aufgebauten Teleskope zu blicken. Das Sternbild Perseus ist Namensgeber und scheinbarer Ausgangspunkt für die Perseiden. Der Sternschnuppenstrom erscheint immer dann, wenn die Erde die Schweifspur des Kometen 109P/Swift-Tuttle kreuzt. Bis zu 100 Sternschnuppen pro Stunde können in einer klaren Nacht beobachtet werden. Wer kann da der Versuchung widerstehen, sich wenigstens einen Herzenswunsch zurechtzulegen …

Da nicht vorherzusehen ist an welcher Stelle eine Sternschnuppe auftaucht, ist es das Beste, sich im Liegestuhl zurück zu lehnen und ohne Apparaturen, ganz entspannt in den Himmel zu blicken. Stundenlang.

*Harald Bardenhagen baut die mobile Sternwarte auf.*

**Harald Bardenhagen** war bereits als Kind fasziniert von Sternen und Raumfahrt. Mit dem Fernglas des Onkels und dem Stativ der Trockenhaube seiner Mutter baute er sich seine erste Ausrüstung zusammen. Eine Astronomie AG in der Schule bestärkte ihn in seiner Leidenschaft. Gut in Erinnerung ist ihm auch, dass er einmal mit seinem Vater zwei Stunden auf den richtigen Beobachtungszeitpunkt wartete. Das klingt vielleicht nebensächlich, doch Geduld und die Bereitschaft zu warten sind ein elementarer Aspekt bei jeder Art von Naturbeobachtung. Das Spiegelteleskop zur Konfirmation eröffnete ihm neue Möglichkeiten. Dennoch studierte er zunächst Sozialpädagogik und wechselte 1988 in die IT Branche.

Die Faszination für Astronomie blieb, ein Gefühl von „Wenn wir in den Himmel schauen: da kommen wir her. Sternenstaub!". Länder und Völker übergreifend verbindet das Thema alle Menschen. Harald Bardenhagen war sich noch nicht sicher, ob da eine Vision in ihm wuchs oder eher eine „spinnerte" Idee. Er suchte Partner, plante langfristig und ihm wurde zunehmend klar, dass nicht nur die Sterne wichtig sind, sondern auch die Nacht als solche.

Schließlich initiierte er die Gründung eines Sternenparks im Nationalpark Eifel. Der erste Schritt dazu kam 2014: die International Dark Sky Association (IDA), wies im Nationalpark Eifel den ersten International Dark Sky Park Deutschlands aus. 2019 folgte die endgültige Anerkennung durch die IDA. Seit 2014 bietet Harald Bardenhagen mit seiner Astronomie-Werkstatt „Sterne ohne Grenzen" regelmäßig Veranstaltungen im Sternenpark an. Sowohl seine Leidenschaft für Astronomie, als auch seine sozialpädagogische Ausbildung und sein Wissen in den Bereichen Technik und IT kommen ihm jetzt zugute.

Besonders am Herzen liegt es Harald Bardenhagen zu vermitteln, dass Dunkelheit einen Wert hat. Sie gibt den natürlichen Rhythmus für Schlaf vor und ist Lebensraum für nachtaktive Tiere. Er ist überzeugt, dass wir nachts mit wesentlich weniger künstlichem Licht auskommen könnten. Licht sollte nur dort eingesetzt werden, wo es wirklich notwendig ist. Die Beleuchtung müsste so gestaltet sein, dass kein Licht nach oben oder in die Horizontale gerichtet ist. Nur Leuchtkörper mit möglichst geringem oder ganz ohne blauen Lichtanteil sollte verwendet werden, da blaues Licht wie eine Insektenfalle wirkt.

## Weitere Infos

**Sternwarte der Astronomie-Werkstatt „Sterne ohne Grenzen"** auf Vogelsang IP im Sternenpark des Nationalparks Eifel
sterne-ohne-grenzen.de

**Übernachten**
**Gästehaus von Vogelsang IP**, Gästehaus K13
gaestehaus-k13.de
**Seminarhaus Vogelsang 86**, vogelsang86.de

# Die Schönecker Eierlage

Wir sind die Junggesellen
ein Schönecker Verein
Wir trinken, lachen, singen
Wie könnt es anders sein.
Wir freuen uns des Lebens
Wie früher, so auch heut´
denn nichts ist ja vergebens,
Drum singt mit uns voll Freud´

Refrain:
Hoch lebt die Heimat unser Eifelland
Hoch lebt Saldätchen
Das weit und breit bekannt.

Unter Aufsicht des Brudermeisters werden die Eier auf Sägemehl in der Von-Hersel-Straße ausgelegt. Der Abstand zwischen den Eiern beträgt genau eine Elle.

Raffer und Läufer in historischer Pagenkleidung mit roter Schärpe

104 Eier liegen bereit

*Angefeuert vom Publikum hebt der Raffer ein rohes Ei nach dem anderen auf und bringt jedes einzelne Ei zurück zum Start.*

An Ostern feiern die Christen die Auferstehung Jesu Christi und gleichzeitig spielen Osterbräuche, wie das Eiersuchen, eine wichtige Rolle. Der Osterhase bringt die Eier, versteckt sie und – hat er sie vielleicht auch gelegt? Kinder ziehen mancherorts mit Klappern und Ratschen durch den Ort und regional wird mit einem Osterfeuer oder einem brennenden Feuerrad, das einen Abhang hinuntergerollt wird, gefeiert.

Einen ganz besonderen Osterbrauch pflegt man seit Jahrhunderten in Schönecken, einem kleinen Städtchen in der Westeifel im Eifelkreis Bitburg-Prüm. Die Schönecker Eierlage ist einer der ältesten erhaltenen österlichen Eierbräuche Westeuropas. Der Sage nach entstand die Tradition um 1500, wurde 1764 zum ersten Mal urkundlich erwähnt und seither fast ununterbrochen ausgeführt.

Die Schönecker Eierlage wird seit weit über 100 Jahren von der Junggesellensodalität (Sodalität = Bruderschaft) geplant und durchgeführt und folgt einem bis in viele Details festgelegten Ritual: Es beginnt eine Woche vor Ostern, am Palmsonntag, mit der Wahl der beiden Konkurrenten für den Wettlauf. Beide müssen ledig sein. Einer wird der Läufer und der andere der Raffer. Der Läufer muss am Ostermontag die 7,28 km weite Strecke von Schönecken nach Seiwerath hin und zurück laufen. Das bedeutet, dass er die meiste Zeit nicht zu sehen ist. Der Raffer hebt währenddessen die ausgelegten Eier einzeln auf und bringt sie zum Korb am Startpunkt. Der Schnellere gewinnt.

Am Samstag vor Ostern schmückt die Sodalität den Ort und kümmert sich um das Festzelt, damit am Ostersonntag dort gefeiert werden kann. Drei Böllerschüsse kündigen am Ostermontag um 9 Uhr den Umzug der Sodalität vom Vereinslokal zur Kirche an. Begleitet vom Musikverein ziehen die Sodalen in feierlichem Ornat in die Kirche ein. Zum Ende des Gottesdienstes werden Läufer und Raffer gesondert gesegnet.

Inzwischen warten schon viele Zuschauer vor dem Vereinslokal auf die Rückkehr des Umzugs. Die letzten Vorbereitungen für die Eierlage können beginnen! Die breite Straßenrinne der Von-Hersel-Straße wird sorgfältig mit Sägemehl ausgestreut und unter der Aufsicht des Brudermeisters werden die Eier in einem Abstand von exakt einer Elle (hier: 62,5 cm) ausgelegt.

Das Startzeichen um 14 Uhr sind wieder drei Böllerschüsse. Der Läufer startet und ist erst wieder zu sehen, wenn er die Strecke in den Nachbarort und wieder zurück geschafft hat. Gleichzeitig beginnt der Raffer: 104-mal bücken, das Ei zurück zum Start bringen und in einen Korb legen – das erfordert durchaus sportliche Kondition! Die Zuschauer feuern den Raffer an, er gibt sein Bestes.

*Dort wird es mit großer Sorgfalt in Empfang genommen und in den Korb gelegt.*

Meistens, aber nicht immer, reicht die Kondition von Läufer und Raffer bis zum Ende.

Am Dienstag nach Ostern gibt es mittags für die Solidalen ein 104-Eier-großes Rührei mit Speck und anschließend, zum Ausklang einen Rundgang durch die Schönecker Gastrononie.

## Das Osterei

Weltweit ist das Ei ein Fruchtbarkeitssymbol. Im Winter legten die Haushühner ursprünglich deutlich weniger Eier, ab Frühling wieder mehr. Das Fastengebot vor Ostern umschloss früher auch Eier, deshalb wurden sie gekocht um die Haltbarkeit zu verlängern. Darauf stützt sich die Tradition der Ostereier. Dennoch kam es leicht zu einem „Eierstau" – ein guter Anlass für ein Fest mit einem verschwenderischen Eierverbrauch!

## So entstand der Eierlauf

In Schönecken lebten um das Jahr 1500 vierzehn Junker, die bei einem Zechgelage eine Wette vereinbarten: Wer hatte das schnellste Dienstpersonal? Die Wettläufe fanden um die Osterzeit statt und erfreuten sich großer Beliebtheit, auch beim Volk. Doch warum gab es dabei einen Läufer und einen Raffer mit unterschiedlichen Aufgaben?

## Mathematik und Eierlauf

Eine wissenschaftliche Antwort fand die Volkskundlerin Dr. Karin Göbel, als sie 1986 Eierlesebräuche europaweit untersuchte. Im 16. Und 17. Jh. veröffentlichten verschiedene Rechenmeister europaweit eine Aufgabe in ihren Mathematikbüchern. Aus dem Jahr 1557 ist diese Rechenaufgabe von Simon Jakob von Coburg überliefert:

„Item zwen wetten mit einander/ also/ der erst soll 10 eyer auß einem korb uff die ebne gerad nach einander unzerbrochen/ je eins eines schrits weits vom anderen/ und auch das erst eins eines schrits weit vom korb legen/ mitler weil will der ander in ein Dorf/ das ein halb meil vom korb ligt/ laufen/ und wiederkommen/ die meil für 5000 schritt gerechnet/ Ist die frag welcher gewinnen/ und wievil schritt der erst zulauffen haben wird/ biß alle eyer auß dem korb gelegt seind/ Facit der erst laufft 10000 schritt/ die thun zwo meil/ unnd vereust/ dann der ander laufft hin unnd wider ein meil." (zitiert nach „Schönecker Eierlage", herausgegeben von der Junggesellensodalität Schönecken). Während im 16. Jh. die Aufgabe mühselig durch Addition gelöst wurde oder als Wettkampf, entdeckte der Mathematiker Carl Friedrich Gauß die Summenformel (auch Gaußsche Summenformel genannt) zur Berechnung solcher Aufgaben.

## Tipps & Infos

Junggesellen Sodalität Schönecken
eierlage.de
Tourist-Info Prümer Land, T. 0 6551 505,
pruem.de
Lokale Infos mit Flyer zum Download
schoenecken.de/Freizeitangebote.html
Für Geologen interessant:
der Wetteldorfer Richtschnitt
schoenecken.com/HTML/richtschnitt.htm

**Spazierengehen und Wandern**
Kurzer Spaziergang zur Burgruine,
Start: Von-Hersel-Straße 20,
eifel.info/a-burgruine-schoenecken
Die Schönecker Schweiz macht ihrem Namen mit eindrucksvollen Felsenformationen Ehre.
„Prümer Land Route 2" (ausgschildert) durch die Schönecker Schweiz, 12,5 km
Start: Wanderparkplatz an der Straße „Altburgtal"
ich-geh-wandern.de/prümer-land-route-2-durch-die-schönecker-schweiz mit GPX Daten

**Essen & Übernachten**
**Restaurant „Am alten Amt"**, Am Forum 1, Schönecken, gasthaus-am-alten-amt-schoenecken.de
**Relax Cottage Chalet Venandi**, Auf dem Galgenberg 1, Dingdorf
relax-cottage.com/venandi-chalet.htm
**Hotel Hofgut Held**, Rommersheimer Held 3, 54597 Rommersheim, hofgut-held.de

Burg Schönecken

Die Schönecker
Schweiz im Sommer

# Nussmarkt in Vianden

Ein idyllisches kleines Städtchen mit mittelalterlichem Charakter, ein Fluss, der gemächlich durch das Tal fließt, eine herbstlich bunte Naturlandschaft, eine Burg, die über allem thront, dazu ein weithin geschätztes, lokales Produkt mit langer Tradition, das die Basis für einen besonderen Markt bildet – genau diese ideale Kombination bietet der Markt rund um die Walnuss in Vianden! Fehlt noch etwas? Gutes Wetter vielleicht, doch bei so vielen Delikatessen und Pluspunkten könnte man darauf notfalls auch verzichten.

Einen prominenten Fürsprecher hat die Stadt übrigens auch. Der große französische Dichter der Romantik, Victor Hugo, schrieb 1863 über Vianden: „Eure Stadt ist nicht bekannt genug, sie ist nicht so bekannt, wie sie es verdient. Ich werde alles tun, was ich vermag, um sie besser bekannt zu machen und um zu ihrem Wohlstand beizutragen" und an anderer Stelle: „Vianden, in dieser herrlichen Landschaft gelegen, die einst ganz Europa besuchen wird, besteht aus zweierlei, gleichermaßen ermutigend und eindrucksvoll; eine unheimliche Ruine und eine heitere Bevölkerung". Victor Hugo war zwischen 1862 und 1871 viermal in Vianden und hat sich dort offenbar sehr wohl gefühlt.

Jeweils am 2. Sonntag im Oktober findet hier der beliebte Nussmarkt, der „Veiner Nëssmoort", statt. Die Walnüsse werden „geschutt, gepeelt, geweesch a gedrëchent" und auf dem Markt verkauft oder zu Delikatessen weiterverarbeitet. Ob süß, salzig oder als Getränk, Walnüsse lassen sich erstaunlich vielfältig verwenden und der Phantasie scheinen keine Grenzen gesetzt.

Vianden liegt an der Our, die am südlichen Rand des Hohen Venns entspringt und auf ihrem Weg nach Süden über weite Strecken zunächst die Grenze zwischen Deutschland und Belgien bildet, dann zwischen Deutschland und Luxemburg. Das Städtchen ist ca. 2 km Luftlinie von der deutschen Grenze entfernt und mit seiner – inzwischen renovierten – Burg ein beliebtes Ausflugsziel. Vor der Burganlage stand an der selben Stelle ein römisches Kastell, datiert auf 360–450 nach Christus. Die Burg Vianden, auch Schloss Vianden genannt, ist eine mittelalterliche Befestigungsanlage aus dem 11. Jahrhundert. Seit ihrer Verstaatlichung im Jahr 1977 wird die Höhenburg schrittweise restauriert und ist täglich für Besucher geöffnet.

Nach einer amtlichen Statistik aus dem Jahre 1902 gab es in der Zeit in Vianden 2551 Nussbäume. 465 Zentner Nüsse wurden 1901 im Kanton Vianden geerntet. Nach dem ersten Probelauf etablierte sich der „Veiner Nëssmoort" seit 1935 mit nur wenigen Unterbrechungen. Alle auf dem Markt angebotenen Produkte werden in der Umgebung und im Ort selbst hergestellt. Der Nussmarkt hat sich zu einem weit über die Luxemburger Grenzen hinaus bekannten und beliebten Event entwickelt.

Es scheint keine Speise zu geben, die sich nicht mit der Nëss kombinieren ließe! All diese Spezialitäten haben luxemburgische Namen, doch worum es sich handelt, lässt sich trotzdem leicht erkennen. Da gibt es die Nësskürbiszopp, Nësspesto, Gromperenzalot (Kartoffensalat) mat Nëss,

Äppelkompott mat Nëss, köstliches Nëssbrutt und Nëssbrittchen, natürlich auch Nësskouch, Nössraclette, Nësshunneg und verschiedene alkoholische Getränke, die, wie der Nëssdrëpp mit den unreifen Früchten der Walnuss angesetzt werden. Die Mehrheit der Luxemburger spricht vier Sprachen, sodass sich die Kommunikation auf dem Markt sehr unkompliziert gestaltet. Die Printmedien des Landes erscheinen meist in deutscher Sprache. Der Anteil der ausländischen Einwohner liegt übrigens bei fast 50% der Gesamtbevölkerung.

Eine andere, heute fast unbekannte, aber ganz traditionelle, regionale Spezialität, die auch auf dem Markt angeboten wird, kommt allerdings ganz ohne Nüsse aus: frisch gemachte Stäerzelen mat Speck an Äppelmus – kleine, glutenfreie Knödelchen aus Buchweizenmehl. Buchweizen war über lange Zeit das wichtigste Grundnahrungsmittel im Éislek oder Islek, wie die Region auf der deutschen Seite heißt.

## Tipps & Infos

**Termin:** 2. Sonntag im Oktober (im Wahljahr wird der Markt um eine Woche verschoben)
visit-vianden.lu/de und visit-eislek.lu/de hier finden Sie aktuelle Hinweise und weiterführende Informationen

**Parken:** Für den Nussmarkt sind Parkplätze ausgewiesen, zum Teil mit Shuttle-Bussen

**Spaziergang über den Dächern von Vianden:** Bei der Grand-Rue Nr. 58 führt eine Treppe nach oben.

**Wandern**

naturpark-suedeifel.de/a-natour-route-5-vianden-falkenstein, 12,3 km, Start: Vianden, unterhalb des Our-Staudamms, Rue de Vieux Marché, mit GPS Daten

Geschmack gefunden an der Luxemburger Küche? Dann sind Krimis von Tom Hillenbrand mit dem Ermittler und Sternekoch Xavier Kieffer das Richtige für Sie.

# Die Pest – eine Spurensuche

Lange Zeit schien es so, als würden Pandemien in unserer zivilisierten Welt keine große Bedeutung mehr zukommen. Es schien so…

Wie war es eigentlich damals, als die Pest im 17. Jahrhundert durch das Land zog, als sie in der Eifel ganze Dörfer entvölkerte? Welche Spuren hat die Seuche dort hinterlassen?

*Darstellung des hl. Rochus*
*in der Dasburger Kapelle*

*Detail eines Grabsteins aus dem 17. Jahrhundert vom Friedhof bei der Sankt Hubertus Kapelle in Wewern bei Burg Reuland. Der Totenschädel ist ein typisches Vanitas-Motiv aus dem Barock.*

# Pestkapellen und Pestheilige

In die Zeit der ersten Pestwellen in Europa fällt das Leben des Rochus von Montpellier. Der Franziskanermönch lebte von 1295 bis 1379 und soll Pestkranke allein durch das Kreuzzeichen geheilt haben. Er wurde dadurch zum Schutzpatron gegen die Pest. Als er selbst an der Pest erkrankte, leckte ein Hund seine Wunden und so erholte er sich von der fast immer tödlichen Krankheit. Auf allen Darstellungen deutet Rochus auf ein Pestmal an seinem Oberschenkel und oft wird er in Begleitung eines Hundes dargestellt. Der hl. Sebastian wurde ebenfalls als Nothelfer in Pestzeiten verehrt, weil angeblich eine Pestepidemie in Pavia im Jahr 680 erlosch, nachdem man seine Reliquien dort durch die Straßen getragen hatte.

Es gibt viele Kapellen und Kirchen in der Eifel, die einen Bezug zur Pest oder anderen Seuchen aufweisen. Nur manchmal ist der Zusammenhang am Namen des Bauwerks erkennbar. Eine Statue oder ein Bild des hl. Rochus ist jedoch immer ein deutlicher Hinweis.

## Die Pestkapelle beim Totenmaar

Das Weinfelder Maar ist eines der drei Dauner Maare. Früher gab es hier es hier auch einem Ort namens Weinfeld, doch nach Pest und Zerstörung durch ein Feuer wurde der Ort 1562 aufgegeben. Die alte Pfarrkirche, einst erbaut auf einer römischen Kultstätte und eine der ältesten Kirchen der Eifel, wurde Pestkapelle genannt. Das Maar hieß früher Totenmaar. Waren diese volkstümlichen Namen ein bisschen zu schaurich für nachfolgende Generationen? Heute heißt das Maar offiziell Weinfelder Maar und die Kirche Martinskapelle. Nie wieder entwickelte sich an dem Maar ein Dorf. Nachdem die Kirche fast verfallen war, wurde sie Ende des 19. Jahrhunderts wiederaufgebaut und dem hl. Martin geweiht. Die Inneneinrichtung ist neu, doch ein großes Steinrelief vom hl. Rochus (mit Hund) verweist auf die tragische Vergangenheit.

## Die Marienkapelle in Dasburg, auch Pestkapelle genannt

Als im Pestjahr 1638 Vianden von der Pest heimgesucht wurde und von 3000 Einwohnern nur noch 7 übrig blieben, floh der Burggraf Biewer mit seiner Familie nach Dasburg, einen nahegelegenen Ort, der von der Seuche verschont geblieben war. Der Burggraf und seine Frau legten ein Gelübde ab, indem sie Errichtung einer Kapelle versprachen, wenn Dasburg von der Seuche verschont blieb. Tatsächlich starb kein Dasburger an der Pest und so lösten der Burggraf und seine Gemahlin 1638 ihr Gelübde mit dem Bau einer Kapelle zu Ehren der der Schmerzhaften Muttergottes, Sebastians und Rochus ein.

*Pestkreuz aus Buntsandstein in Wawern, Ecke Hofstraße/ Bielenhof. Typisch für viele Pestkreuze ist der Totenkopf mit den gekreuzten Knochen, unterhalb der ChristusFigur.*

# Der Schwarze Tod und seine Vorgeschichte in der Eifel

Seit dem 14. Jahrhundert wurde die Eifel in mehreren Schüben von der Pest heimgesucht. Doch besonders schlimm wütete die Seuche zur Zeit des Dreißigjährigen Kriegs (1618-1848). Warum konnte die Epidemie gerade dann so verheerende Auswirkungen haben? Um das zu verstehen, lohnt es sich, in der Geschichte der Eifel etwas weiter zurück zu blicken.

Die waldreiche, dünn besiedelte Eifel war nach dem Abzug der Römer vor allem Bauernland. Mit der Christianisierung wurden große Klöster gegründet, oft in unbesiedelten oder verlassenen Regionen. Das Herrschergeschlecht der Karolinger schätzte die tiefen Wälder als Jagdgründe und so wurden zur Beherbergung der Jagdpartien in der Eifel 40 Königsgüter errichtet. Gaugrafen verwalteten diese Güter. Als sich das Reich der Karolinger (751-911) auflöste, betrachteten die Gaugrafen das ihnen zur Verwaltung anvertraute Gebiet als ihr Eigentum. In dieser Zeit wurden viele wehrhafte Burgen erbaut. 140 Burgen lassen sich für das 11. Und 12. Jh. nachweisen. Die Herrschaften stritten sich untereinander, dennoch entwickelte sich dank Landwirtschaft und des Abbaus von Basalt, Eisen und Blei in der Bevölkerung ein bescheidener Wohlstand.

Die kleinen Herrschaften in der Eifel waren im 16. Jh. umringt von deutlich mächtigeren Feudalstaaten, die sich untereinander bekriegten. Dabei ging es zwar weniger um die Eifel selbst, die dennoch erheblich zu leiden hatte. Als allerdings 1618 der Dreißigjährige Krieg begann, verschlimmerte sich die Situation dramatisch. Die durchziehenden Heerscharen zerstörten in der Eifel unzählige Burgen, Städte und Dörfer. Und nicht nur das, die Bevölkerung musste sogar für die Versorgung der Truppen aufkommen. Die Landwirtschaft brach zusammen, die Viehbestände wurden vernichtet und die Bevölkerung hungerte oder floh. Auch nach dem Ende des Krieges hatte der Schrecken kein Ende, noch jahrelang streiften Söldnertruppen plündernd durch die Eifel. Waren vielleicht Hexen Schuld an all dem Elend? Sogenannte Hexenbrenner zogen durch die Eifel und tausende Menschen, vor allem Frauen, wurden grausam hingerichtet.

Die Pest traf im Dreißigjährigen Krieg auf eine erschöpfte und ausgemergelte Bevölkerung, die in zerstörten Dörfern mühsam ums Überleben kämpfte. In diesen Notjahren, war der Tod bereits allgegenwärtig und die Seuche hatte leichtes Spiel. Heute weiß man, dass die Krankheit durch Rattenflöhe, aber auch von Mensch zu Mensch, z.B. über Kratzwunden, übertragen werden kann. Damals sah man in ihr Gottes strafende Hand und viele Menschen suchten Zuflucht in der Religion. Da die Kranken mit ihren eitrigen Wunden „wie die Pest" stanken, versuchte man mit Räucherungen aus Eichen- und Wacholderholz gegenzusteuern oder durch Duftkräuter wie Salbei, Ysop und Lavendel die Krankheit abzuwehren. Man trug Pestkugeln mit Moschus und Ambra als Amulette oder Pestmasken, in denen sich Mischungen aus Wacholder, Amber, Zitronenmelisse, Minze, Kampfer, Gewürznelken, Myrrhe, Rosen oder Styrax in langen „Schnäbeln" befanden. Manche dieser Mittel hatten tatsächlich antibakterielle Wirkungen, doch die Pest war mächtiger. Sie raffte die Menschen für gewöhnlich innerhalb von 24 Stunden dahin. Die Hilflosigkeit der Heilkundigen ließ viele auf magische Praktiken zurückgreifen. Papiere mit religiösen Darstellungen wurden als „Schluckbildchen" eingenommen, Kreuze aus geweihtem Wachs an Gebäuden angebracht und Brillen mit Kristallgläsern sollten vor vermeintlich ansteckendem Blickkontakt schützen.

Es gab jedoch auch erfolgreiche Maßnahmen, die heute noch bei Pandemien eingesetzt werden: Quarantäne und der Pestbrief. Letzterer war eine Art Gesundheitspass für Reisende und Händler.

Zum Schutz vor Pestepidemien hatte die Republik Ragusa 1377 eine 40-tägige Quarantäne (quaranta giorni = 40 Tage) für Kaufleute und Reisende verordnet, die in dem Stadtstaat ankamen. Ein Pestbrief war ein Gesundheitspass, der 1374 in Venedig eingeführt worden war. Ein venezianischer Agent bescheinigte im Abfahrtshafen die Pestfreiheit des Herkunftsortes. Er entschied damit, ob die von dort kommende Person in Venedig einreisen durfte oder in Quarantäne musste. Erkrankte wurden in speziellen Pesthäusern oder Siechenhäusern untergebracht. Von Abenden bei Nideggen ist bekannt, dass sogenannte Not- und Pestgässchen außen um den Ort herumführten, sodass es zu keinem Kontakt zwischen den Infizierten im Ort und Durchreisenden kam.

Die Menschen starben nicht abgeschieden in Krankenhäusern, sondern unübersehbar und überall. In Daleiden, in der Nähe der Luxemburger Grenze, starben von 300 Einwohnern 287. Im Pestjahr 1638 überlebten in Vianden von 3000 Bewohnern nur sieben. Wer sollte da noch all die Toten beerdigen? Und wo? Pestfriedhöfe außerhalb der Ortschaften und Massengräber wurden errichtet. Die verarmten und hungernden Menschen hatten keine Kraft, um aufwändige Grabmale zu errichten, mancherorts blieben die Toten sogar lange Zeit unbeerdigt liegen.

# Die Pestkreuze

## Neuerburg

So, wie bei diesem Kreuz, gibt es oft keine Inschrift, die den Zusammenhang mit der Pest eindeutig erkennen ließe, nur die volkstümliche Bezeichnung „Pestkreuz“ und andere Aufzeichnungen erlauben Rückschlüsse. In der Chronik der Stadt Neuerburg ist mehr darüber zu finden. Im 17. Jahrhundert kam die Pest zum zweiten Mal nach Neuerburg. Um die Entstehung des Kreuzes rankt sich eine Geschichte, die in dem Buch Eifelkalender von 1929 erzählt wird. Der Steinmetzmeister Hannes Puhl gelobte, ein Kreuz zu errichten, „wenn er, sein Weib und seine herzigen Kinder“ von der Pest verschont blieben.

Er und seine Familie blieben verschont und so schuf er dieses – für ein Pestkreuz ungewöhnlich kunstvoll gearbeitete – Steinkreuz und stellte es in seinem Garten auf. Aus dieser Zeit leitet sich die Tradition der „Rochus-Prozession“ Anfang September ab, die auch heute noch zu dem Kreuz führt. Das Kreuz wurde von seinem ursprünglichen Standort in einem Garten an eine öffentlich zugängliche Stelle (Ecke Mühlenbachstraße, Dechant-Zimmer-Straße) versetzt.

## Wawern, Neroth, Lützkampen

Die Gemeinde Wawern liegt im Kreis Bitburg-Prüm und wurde bereits 1068 urkundlich erwähnt. Es gibt dort fünf Pestkreuze, die auf die Zeit des Dreißigjährigen Kriegs zurückgehen. Nach der mündlichen Überlieferung starben alle Einwohner an der Pest – nur ein Mädchen überlebte: Sibylla vom Bielenhof (Sibillenhof). Waweren soll von diesem Gehöft aus wieder neu besiedelt worden sein und so gilt Sibylla als Ahnherrin der Wawerner.

Der undatierte Bildstock von Neroth wurde erst einige Zeit nach Pestepidemie und dem Dreißigjährigen Krieg erstellt, ebenso die Grabplatte eines Pfarrers (Abb. oben) an der Kirche von Lützkampen. Das Grauen dieser Epoche klingt in den religiösen Darstellungen immer noch nach.

## Densborn

1633 wütete die Pest in Dernsborn (Gemeinde Gerolstein). Sieben Familien flohen in die nordöstlich gelegenen, einsamen Wälder des Bärscheid und gelobten sieben Kreuze zu errichten, wenn sie die Pest überleben sollten. Tatsächlich waren sie die einzigen Überlebenden der Pest in ihrem Dorf und sie erfüllten ihr Versprechen. Noch heute sind einige der Kreuze im Ort und in der Umgebung zu sehen. Ein besonders schönes und gut erhaltenes Pestkreuz von 1633 befindet sich östlich von Densborn in dem großen Waldgebiet, in dem die Familien ehemals Schutz gefunden hatten (Abb. rechte Seite). Das Kreuz befindet oberhalb vom Jagdhaus Hubertusgrund, GPS Daten: lon: 6.631244 lat: 50.124814.

Sie überlebten die Pest in der Einsamkeit des Waldes und errichteten 1633 in Dankbarkeit dieses Kreuz: „Reiner sein Hausfrw Gret zu Deinsborn" (Inschrift auf dem Schaft des Kreuzes, rechts).

*Pestkreuz in einem großen Waldgebiet bei Densborn, oberhalb vom Jagdhaus Hubertusgrund*

## Quellen und weitere Informationen

kulturamt.wittlich.de „Ohnmacht und Grauen", Ausstellung in Wittlich 2013/2014

heimatjahrbuch-vulkaneifel.de „Pest" ins Suchfeld eingeben, viele Informationen zum Thema

kulturdb.de/suche.php Datenbank der Kulturgüter Region Trier

gnm.de/blog/pest-und-heilige/ allgemeine Informationen zur Pest

eifelon.de/region/die-pest-in-abenden.html: die Pest in Abenden

dasburg.de/pestkapelle Dasburg, Marienkapelle

kulturdb.de/einobjekt.php?id=800
Martinskapelle beim Weinfelder Maar

neuerburg-eifel.de
Pestkreuz von Neuerburg

wawern.net/ueber-wawern/
Pestkreuz in Wawern

schmino.de/von-schweden-pest-und-einer-kanzel-aus-alten-akten-des-30-jaehrigen-krieges/ die Pestkreuze von Densborn

# Eifel-Aktiv

Kletterkurs im
Kottenheimer Winfeld

Mountainbiken

An der Fahrradstation

Trailrunning

# Felsklettern – in die Höhe klettern …

Am letzten Wochenende im Oktober hat sich eine Gruppe von acht Leuten auf einem Wanderparkplatz zum Basiskurs für Outdoor-Klettern im Kottenheimer Winfeld eingefunden. Erfahrungen in Kletterhallen haben alle, doch für die meisten geht es heute darum, etwas Neues zu lernen – alle sind bereit für ein Abenteuer! Das Kottenheimer Winfeld liegt in der Vulkaneifel zwischen Kottenheim und Ettringen. Die K20 führt hier durch ein scheinbar unspektakuläres Wäldchen.

Hendrik Kardinal, Kursleiter des Deutschen Alpenvereins, kennt sich im Ettringer Klettergebiet bestens aus. Er verteilt Schutzhelme, Kletterschuhe und Gurte. Dann geht es auf einem Stück des Vulkanpfads bergab. Eine so ganz und gar andere Landschaft öffnet sich! Wir sind auf dem Boden einer alten Basaltgrube. Bis zu 50 m hoch ist die Basaltschicht, die die Lava des Bellerberg-Vulkans hier vor circa 200.000 Jahren gebildet hat. Seit der Jungsteinzeit bis in die 1960er Jahre wurde hier vulkanisches Gestein abgebaut.

Inzwischen hat sich auf dem Grund der Grube eine Humusschicht gebildet. Birken wachsen darauf und zeigen sich jetzt im späten Oktober in ihrem goldgelben Laub. Völlig unvermittelt erheben sich senkrechte, dunkle Basaltfelsen. Deutlich erkennbar sind die Risse zwischen den mächtigen Basaltsäulen, die die Felswand bilden. Genau dafür ist das Gebiet berühmt! Lange war es eher ein Geheimtipp – jetzt gilt es als das europäische Rissklettergebiet.

Zu diesem Erfolg hat ganz wesentlich die unermüdliche Erschließertätigkeit von Kletterern aus dem Koblenzer und Kölner Raum beigetragen – zu denen auch Hendrik Kardinal gehört. 1400 Routen in unterschiedlichen Schwierigkeitsgraden wurden von ihnen ausgearbeitet.

Schroff und sehr herausfordernd wirkt die ausgewählte Kletterwand, zumindest auf Anfänger des Outdoor-Kletterns. Doch zunächst geht es um Grundlagen. Klettern ist ein Partnersport: eine Person klettert, die andere sichert. Sicherungstechniken zusammen mit einem Partner oder einer Partnerin schaffen erst die Möglichkeit Steilwände wie diese zu bewältigen. Da ist zunächst der Klettergurt – wann sitzt er richtig? Welche Funktion haben Sicherungskarabiner, Expressen, Friends und all die anderen, technischen Ausrüstungsteile?

# … und dabei über sich selbst hinauswachsen

Basaltfelsen im Kottenheimer Winfeld, einem offengelassenen Steinbruch in der östlichen Vulkaneifel

*Der Achterknoten wird beim Klettern als sichere Verbindung zwischen Kletterseil und Klettergurt verwendet.*

*Hendrik Kardinal erklärt die Sicherungstechnik mit dem Achterknoten.*

Eine fundamental wichtige Rolle spielen Kletterseil und Knotentechnik. Je nach Einsatzbereich kommen unterschiedliche Knoten zum Einsatz. Als erstes zeigt Hendrik den Achterknoten, mit dem sich eine besonders sichere Schlaufe herstellen lässt, die das Kletterseil mit dem Klettergurt verbindet.

Mit sehr viel Geduld erklärt Hendrik den Seilpartnern die Sicherungstechniken. Schließlich können kleine Fehler der Seilpartner lebensgefährlich sein. Deshalb gilt vor jeder Kletterrunde: „Partner-Check, statt Partner weg“. Der Partner, die Partnerin, ist die Lebensversicherung, und Zuverlässigkeit ein entscheidendes Kriterium für die Partnerschaft. Sie ist auch die Basis für den Zusammenhalt und die Freundschaft innerhalb der Community der Kletterer.

Nachdem alle ihre Kletterversuche gemacht haben, zieht die Gruppe weiter, vorbei an der Kiefernadel zum Schlangenloch im Bereich Westkessel. Wer einen Kletterbereich (Sektor genannt) erschließt, kann ihr einen Namen geben. Die neuen Touren aus der Coronazeit sind leicht an ihren Namen erkennbar: Lockdown VI+, Mutante V-, König Dickbauch VI-, DCMLSFRLT IV- (Abkürzung für DrecksCoronaMistwetterLockShutdownForciertesResterschliessungsLowendTestpiece). Die römischen Zahlen bei den Namen kennzeichnen den Schwierigkeitsgrad.

Ortswechsel: im Schlangenloch hat Hendrik bereits eine Wand vorbereitet, um das Abseilen zu üben. Doch zunächst wird noch ein anderer Knoten erlernt, der Prusik. Er hat die besondere Eigenschaft, dass er sich beim Abseilen unter Belastung verschieben lässt.

Kontrolliertes, gesichertes Abseilen – das klingt wesentlich einfacher als Hochklettern, wäre da nicht der Start! Man lehnt über den Rand eines Abgrunds, der Rücken zeigt nach unten. Eine Situation, die tief sitzende Urängste weckt, zumindest bei Anfängern. Jetzt macht es sich bezahlt, dass Hendrik so sorgfältig und geduldig mit allen die Sicherungstechniken trainiert hat. Das Vertrauen ist da, doch trotzdem ist eine gute Portion Selbstüberwindung nötig, um sich rückwärts in die Tiefe fallen zu lassen. Wer es schon einmal gemacht

*Doppelter Achterknoten*

*Die volle Konzentration ist gefragt.*

hat, kennt diesen Punkt und genießt das Gefühl. Es ist natürlich ein kontrolliertes Fallen, das eher aussieht, wie ein Hinabtanzen an der Felswand.

Immer wieder, für Anfänger wie Fortgeschrittene, stellt sich beim Klettern das Gefühl ein, über sich selbst hinauszuwachsen. Klettern in der Natur ist nicht nur eine Sportart mit hohem Spaßfaktor, sondern ein rundum erfüllendes Erlebnis. Sicher spielt dabei die Ausschüttung von Hormonen wie Adrenalin eine Rolle, doch es ist einfach auch ein wunderbares Gesamtkörpererlebnis in der Natur, das die gesamte Gruppe teilt, ohne große Worte darüber zu verlieren.

Langsam setzt die Dämmerung ein, es wird kühler und feuchter im Schlangenloch. Völlig unbeeindruckt davon sind alle erfüllt von den Erlebnissen. So sieht ein gelungener Tag aus!

**Hendrik Kardinal** ist Trainer für Alpinklettern, Natur- und Kletterreferent für den Deutschen Alpenverein und Naturführer.
Er bietet Einsteigerkurse und Aufbaukurse für Felsklettern an, ET5 Klettern für Geocacher, GPS Theoriekurse und GPS Praxisseminare.
T. 0151 54729532,
info@geo-outdoor-akademie.de
geo-outdoor-akademie.de

## Tipps & Infos

**Anfahrt mit öffentlichen Verkehrsmitteln:** Mit der Bahn nach Kottenheim und dann mit dem Rad oder zu Fuß zu den Felsen. Vom Bahnhof sind es nur ca. 1,5km.

**Anfahrt mit Pkw:** Wanderparkplatz „Kottenheimer Winfeld" an der K20 zwischen Kottenheim und Ettringen, Breite 50.35490942210551, Länge 7.239308997674525

**Zugang zum Klettergebiet:** Das Klettergebiet liegt in direkter Nähe zum Parkplatz. Am Parkplatzende nach links abbiegen, nach 70 m nach rechts abbiegen und der Markierung des Traumpfads „Vulkanpfad" folgen. Das Kottenheimer Winfeld ist von vielen Pfaden durchzogen.

*Abseilen im "Schlangenloch": das bedeutet, sich rückwärts in die Tiefe zu lehnen, mit Vetrauen in den Trainingspartner und die Sicherungstechnik.*

**Links**

Webseite von Alexander Schmalz-Friedberger mit ausführlichen und aktuellen Infos und Routendatenbank, klettern-ettringen.de
eifel.info/a-klettern-ettringen-kottenheim
Touristik-Büro Vordereifel, Kelberger Straße 26, Mayen, T. 02651 800995,
naturerlebnis-vordereifel.de

**Buchtipp**

Schwarze Säulen – Kletterführer Mayen, von Alexander Schmalz-Friedberger, 336 Seiten, zu bestellen über geoquest-shop.de

**Übernachten**

**Gästehaus am Hochsimmer**
Ettringen, Alte Schulstr. 4, T. 02651 9093588
gaestehaus-am-hochsimmer.de
**Hotel Garni am Schloss**
Kottenheim, Bildhauer-Moog-Str. 1,
T. 02651 702 9477, hg-schloss-sichelsberg.de

**Wandertipp für ein Wochenende in der Region**

Traumpfad „Vulkanpfad" (6,6 km)
Sehr abwechslungsreich, geologisch sehr interessant, mit weiter Fernsicht und spannenden Einblicken in den Krater des Ettringer Bellbergs - genauer gesagt in den modernen Steinbruch im Krater. Während im historischen Abbaugebiet des Kottenheimer Winfelds die Natur den Steinbruch zurückerobert hat, wirkt der Abbau im Bellerberg geradezu brutal. Doch die Menschen der Vulkaneifel leben seit Jahrhunderten von und mit dem Abbau des vulkanischen Gesteins und erleben die Veränderungen im Allgemeinen weniger einschneidend. Der Vulkanpfad führt auch durch das Kottenheimer Winfeld. Der Wanderweg ist sehr gut ausgeschildert.
**Parken und Start**
Ettringen, Hochsimmerhalle
(Kottenheimer Straße 31)
**Mehr Infos und GPX Daten zum Download**
traumpfade.info/pfad/traumpfad/vulkanpfad/

*Der Rocher du Casino bei Kelmis*

## Weitere Kletterfelsen

**Der Effels bei Nideggen**

Diese Felsen sind bekannt als „senkrechte Kartoffelacker", da sie aus Kieselsteinen bestehen, die im Buntsandsandstein fest verbacken sind. Das Klettern ist am Effels bei Nideggen erlaubt. Dazu muss ein Kletterticket erworben werden. Es ist erhältlich am Nationalparktor Nideggen, an der Tankstelle oder beim Rureifel Tourismusverband. Die Kletterrouten haben sehr unterschiedliche Schwierigkeitsstufen. Der Deutsche Alpenverein betreibt eine Alpenvereinshütte in Nideggen auf dem Gelände der Burg.

klettergarten-nordeifel.de

**Klettern in den Gerolsteiner Dolomiten**

Der Kletterfelsen Hustley liegt in einem Naturschutzgebiet und auch hier muss ein Kletterticket erworben werden. Zuständig ist die Tourist-Information Gerolstein (T. 06591 13 3100). Die Hustley ist nur für erfahrene Kletterer geeignet und auf Grund ihrer Lage im Hochsommer sehr heiß.

gerolsteiner-land.de/ausflugsziele/klettern-am-felsen-hustley

**Die Teufelsley im Ahrtal Teufelsley** bei Dümpelfeld

Der Gipfel der Teufelsley ist ein Quarzitfelsen mit Kletterrouten von 6–17 m. Die Sektion Koblenz des Deutschen Alpenvereins unterhält am Ostabhang der Teufelsley eine Schutzhütte und bietet dort auch Kletterkurse an.

my-klettern.de/Kletterfuehrer/Eifel-Teufelsley

**Kletterfelsen bei Berdorf in Luxemburg**

Die Sandsteinfelsen liegen in einem Naturschutzgebiet und man muss Mitglied eines Vereins sein (z.B. DAV, UIAA und/oder IFSC) um dort zu klettern. Bei Kontrollen muss ein Nachweis vorgelegt werden. Gruppen über sechs Personen sind nicht erlaubt.

mullerthal.lu/de/fiche/adventure/outdoor-klettern-berdorf

**Kletterfels bei Kelmis in Ostbelgien**

Bei Kelmis, nahe der deutsch-belgischen Grenze, liegt ein ehemaliger Kalkstein-Steinbruch mit etwa 30 Kletterrouten (5.–7. Schwierigkeitsgrad). Der Rocher du Casino liegt am Chemin d´Emmaburg, südlich vom Casinoweiher.

GPS-Daten

50.7077071250615, 6.01522874118342

dav-aachen.de/einrichtungen/kletterfels

# *Mountainbiken – die Basics kennenlernen und dabei die Landschaft genießen*

Sich auf den Sattel setzen und losfahren – so geht Radfahren für die meisten. Auch ein Mountainbike lässt sich auf diese Weise fahren, zumindest auf glatten Wegen ohne besondere Herausforderungen. Typische MTB-Trails sehen aber anders aus und hier sind dann auch besondere Techniken erforderlich. Genau das ist das Thema beim Einsteigerkurs, den Denis Hartmann an einem kühlen Herbsttag Ende Oktober im Monschauer Heckenland anbietet. Er ist Inhaber einer MTB-Fahrtechnikschule für Anfänger und Profis in Monschau.

Schon bei den ersten Rollversuchen mit einem Laufrad zeigt sich das fundamentale Thema beim Radfahren: Balance halten! Ist das erlernt, folgen die nächsten Schritte: Balance halten und dabei treten, lenken, bremsen. Um die besonderen Möglichkeiten eines Mountainbikes zu nutzen und die speziellen Fahrtechniken zu erlernen, heißt es, sich nochmal intensiv auf das Thema Gleichgewicht und Gewichtsverlagerung einzulassen.

E-Mountainbiken erlebt seit 2021 einen enormen Boom und alle, die an diesem Kurs teilnehmen, haben ein Mountainbike mit Elektromotor. Sind die Räder optimal an Körpergröße, -gewicht und Kondition angepasst? Zu Beginn des Kurses geht es darum, die Einstellmöglichkeiten am eigenen Rad kennenzulernen und zu korrigieren. Denis Hartmann ist ausgebildeter MTB Fahrtechniktrainer, kennt sich bestens mit Radtechnik aus und nimmt sich jedes Mountainbike einzeln vor. Es lohnt sich! So ein Bike-Fitting fängt bei der richtigen Sattelhöhe und -position an. Wie bei jedem Rad muss auch der Lenker mit Bremsen und Schaltung möglichst optimal an den Körper angepasst sein. Nicht zu unterschätzen ist ebenfalls, dass der Luftdruck in den Reifen stimmen muss. Die nächsten Einstellungen sind deutlich komplizierter und betreffen die Federung, die im Allgemeinen sowohl bei der Federgabel am Vorderrad, als auch beim Dämpfer für das Hinterrad angebracht

*Denis Hartmann demonstriert ein zentrales Thema beim Mountainbiken: Balance halten!*

*Der Mountainbike-Kurs unterwegs im Monschauer Heckenland.*

ist. Sie besteht jeweils aus zwei Komponenten, die das Ein- und Ausfedern steuern. Beim Einfedern werden die Schläge absorbiert, die z.B. durch Steine entstehen. Beim Ausfedern muss der Rückstoß (Rebound) geregelt werden. Bei hochwertigen Konstruktionen sind die Dämpfungselemente mit Öl gefüllt und die Federung funktioniert mittels Luftkammern. All diese Einstellungen erklärt Denis Hartmann und passt sie individuell an. Der Unterschied ist für jeden und jede deutlich spürbar und das Fahrgefühl weder schwammig, noch wird jeder kleine Schlag hart weitergegeben.

Weiter geht es im Kurs mit dem zentralen Thema, das nicht nur für Kinder schwierig ist: Balance. Typisch beim Biken ist eine stehende Position auf waagrechten Pedalen. Bei dieser Grundhaltung liegt der Schwerpunkt senkrecht über dem Tretlager. Im Zusammenhang mit der Fahrsituation und der Geschwindigkeit muss die Balance durch Gewichtsverlagerung ständig neu austariert werden.

Das ist nur ansatzweise theoretisch erlernbar, doch die Muskulatur kann dafür durchaus vorab trainiert werden. Denis Hartmann zeigt dazu einige praktische Übungen mit und ohne Rad, die neben Balance auch Koordination und Kraftausdauer fördern. Bis zum Trackstand, Wheelie, Bunny Hop oder Shredden (siehe Tipps) mag der Weg noch weit sein, doch bereits von Anfang an kann das Biken Spaß machen. Der aktuelle Boom mit den E-Mountainbikes beruht zu einem guten Teil wohl auch darauf, dass diese Räder bequem und gut auf naturnahen Wald- und Feldwegen zu fahren sind und Hügel nicht nur bergab entspannen.

Neben der realistischen Einschätzung der eigenen Fähigkeiten fordert das sportliche Fahren auf unebenen, herausfordernden Wegen 100%ige Präsenz – ansonsten besteht ganz banal akute Sturzgefahr. „An nichts anderes mehr denken, alles Alltägliche ist weg, volle Konzentration!", so beschreibt Denis Hartmann das Gefühl, wenn er mit seinem Mountainbike in der Natur unterwegs ist. Er spricht auch von intuitivem Fahren, eins werden mit dem Rad, davon, das Körpergefühl vom Menschen auf das Rad zu erweitern. Das sind Grunderfahrungen, die Menschen erleben, wenn sie völlig in ihrer momentanen Tätigkeit aufgehen. Verschiedene „Glückshormone" werden mit diesem Flowgefühl in Verbindung gebracht, doch eine eindeutige, wissenschaftliche Antwort gibt es darauf bisher nicht. Das Schöne ist, dass man nicht Vollprofi sein muss, um dieses Gefühl zu erleben. Learning by doing: jetzt heißt es eintauchen in die herbstlich bunte Eifeler Landschaft!

**Worin unterscheidet sich ein Mountainbike von anderen Rädern?**

Ein Mountainbike ist ein Fahrrad, das speziell für den Einsatz auf nicht befestigten Straßen und Wegen ausgerichtet ist. Die Straßenverkehrs-Zulassungs-Ordnung (StVZO) verlangt, dass Räder z.B. mit Beleuchtung, Klingel und Rückstrahler ausgestattet sind. Mountainbikes fehlen diese Komponenten zuweilen. Sollen die Bikes auch auf normalen Straßen genutzt werden, ist ggf.eine Nachrüstung erforderlich.

Weitere typische Merkmale sind breite, grobstollige Reifen, relativ kleine Rahmen, Kettenschaltungen mit meist 2x10 (20 Gänge), 1x11 oder 1x12 Gängen, Scheibenbremsen und Federgabeln, oft auch Federungen am Hinterrad. MTBs haben im Allgemeinen keine Schutzbleche oder Gepäckträger.

## Tipps

Kursangebote und mehr auf der Webseite von Denis Hartmann machartmann.de

**Kontakt**

office@macHartmann.de, t.+49 2472 23357

Empfehlungen für MTB-Strecken finden Sie im Artikel „Für jeden etwas: Radfahren in vielen Facetten"

Mehr Fachbegriffe für Profis und alle, die es werden wollen, gibt es online unter dem Suchbegriff „MTB Lexikon"

*Mit den richtigen Einstellungen am Rad zur bestmöglichen Fahreigenschaft*

*unten: Typisch Heckenland: uralte Rotbuchen säumen einen Pfad. Bis weit in den November leuchten die Blätter in prächtigen Farben.*

# Für jeden etwas – Radfahren in vielen Facetten

Soll es eine entspannte Radtour sein, vielleicht mit der ganzen Familie – oder eher eine herausfordernde und sportliche? Ein Radevent, ein Tagesausflug oder vielleicht eine Mehrtagestour? Mit dem eigenen Rad oder einem gemieteten Rad? Mountainbike, E-Bike oder …? Alles ist möglich in der Eifel und den angrenzenden Ardennen!

*Vennbahnradweg mit einem Café im ehemaligen Bahnhof von Roetgen*

Wer es **gemütlich** will, findet ein Radnetz auf stillgelegten Bahntrassen vor, die in Belgien und zum Teil auch in Deutschland durch ein sehr praktischen Knotensystem verbunden sind. Die berühmteste Strecke auf einer ehemaligen Bahntrasse ist der Vennbahnradweg. Auf 125 km führt er von Aachen durch den Naturpark Hohes Venn-Eifel und die Ardennen bis Troisvierges in Luxemburg. Er ist einer der längsten Bahntrassenwege Europas. Die Steigung liegt bei maximal 2,5%, höher lediglich bei einer Dauer-Umleitung, dem gesperrten Wilwerdinger Tunnel bei Lengeler. Circa 90% der Strecke ist asphaltiert. Ausschilderung und Service rund um die Vennbahnstrecke sind geradezu perfekt. Auf vennbahn.eu finden Sie viele detaillierte Informationen und auch eine GPX-Datei mit der Wegstrecke zum Download.

Der Vennbahnradweg ist Teil der „Grünen Wege" – damit werden weltweit Infrastrukturen benannt, die dem nicht-motorisierten Verkehr vorbehalten sind. Seit 1998 setzt sich die „Europäische Vereinigung für Grüne Wege" für ihre Förderung ein.

Auch der 36 km lange Eifel-Ardennen-Radweg verläuft auf einer ehemaligen Bahntrasse von St. Vith nach Prüm. Zurück geht es mit dem Radbus 465.

Beliebt ist auch der Maare-Mosel-Radweg, ebenfalls ein Bahntrassen-Radweg von 58 km Länge. Er startet in Daun, führt durch die Berge der Vulkaneifel und weiter über Viadukte und lange Tunnel bis Bernkastel-Kues an der Mosel.

Für Genussradler sind auch die Tälerrouten als Radwegenetz von insgesamt 265 km Länge interessant. Mit wenigen Steigungen verbinden sie die Flussläufe von Erft, Urft, Olef, Ahr und Neffelbach.

- Erft-Radweg, von Nettersheim zur Mündung der Urft in den Rhein bei Neuss, 110 km
- Kyll-Radweg, von Weywertz (B) nach Trier, 140 km
- Tälerrouten von Urft und Olef, eine Rundtour mit etwas mehr Steigung ab Bahnhof Kall, Bahnhof Nettersheim oder Busbahnhof Hellenthal, 45 km
- Ahr-Radweg, von Blankenheim bis Kripp am Rhein (wegen des Hochwassers von 2021 noch nicht durchgängig befahrbar), 82 km
- Enz-Radweg, teils auf einer ehemaligen Bahntrasse, von Pronsfeld bis Neuerburg, 46 km

**Mehr Steigung für sportliche Radfahrer**, das bieten

- die Eifel-Höhen-Route, eine Rundtour ab dem Bahnhof Urft. Die Nähe zur Bahnstrecke Köln-Trier und zur Rurtalbahn erleichtert die 203 km lange Tour,
- die Vulkan-Rad-Route Eifel, auf 68 km von Dümpelfeld bis Bad Bertrich. Lange Steigungen werden mit Panoramablicken auf die Vulkaneifel belohnt,
- die Südeifel-Runde, eine Rundtour ab Bitburg, durch Täler und über Höhen, 61 km

**Mountainbike-Touren und Bikeparks**

Besonders interessant für Mountainbiker ist der VulkanBike Trailpark, der auf mehr als 750 Kilometer und 17.500 Höhenmeter Touren für jedes Leistungslevel bietet. Die Routen sind ausgeschildert und miteinander vernetzt. Der VulkanBike Trailpark nutzt das vorhandene Netz aus Feld- und Waldwegen. Dadurch können alle Strecken grundsätzlich von jedem gemeistert werden, auch wenn die Herausforderungen sehr unterschiedlich sind.

Neben den MTB-Strecken auf Feld- und Waldwegen gibt es Mountainbike-Übungsparcours, z.B. die Koulshore. Das 13 Hektar große Gelände liegt in einem ehemaligen Lava- Steinbruch in der Nähe von Üdersdorf in der Vulkaneifel. Fans finden hier anspruchsvolle Trails und Technik-Parcours mit Pumptracks, Dirtlines, Steilkurven, Flowlines, Jumplines u.a. Der Eintritt ist kostenfrei. Anfahrt: Koulshore Mtb, Lavastraße 8, 54552 Trittscheid

*Rastplatz mit schöner Aussicht bei Medell in Ostbelgien*

Der Bikepark Pronsfeld liegt am „Eifel-Ardennen-Radweg“, der von Pronsfeld aus über die ehemalige Bahntrasse in Richtung Bleialf/ St. Vith führt und ist ebenfalls kostenfrei. GPS-Koordinaten 50.159643814512755, 6.32852093320536

Bikepark Volmersberg bei St. Vith ist ein kostenfreies Übungsgelände mit Wegstrecken von knapp 5 km, sowohl für Hobbyfahrer als auch für ambitionierte MTB-Rennfahrer. Adresse: Wiesenbachstraße 65, B-4780 St.Vith

Der kostenfreie Bike Park Eupen ist eine Downhill-Strecke, die 700 Meter lang ist mit drei Abfahrtspisten mit unterschiedlichen Schwierigkeitsgraden. B-4700 Eupen, Hütte (bei der Ochsenalm, gegenüber LAGO Wetzlarbad).

Kostenpflichtig: Mountainbikepark Hürtgenwald, Bikepark Ferme Libert, MTB-Park St. Vith

### Ein Rad oder E-Bike mieten

Manchmal ist es einfacher, ein Rad vor Ort zu mieten. Auch können manche Fahrradbusse keine E-Bikes transportieren. Bitte vorher informieren! Verleihstationen bieten verschiedene Elektromodelle an: Mountainbikes, Pedelec- und Tourenräder. Gute Anlaufstellen sind regionale Tourist Infos, die auch Tourenangebote kombiniert mit Übernachtungen anbieten. Auf Campingplätzen oder an Bahnstationen können zuweilen Räder gemietet werden.

### Events nicht nur für Profis

Der VulkanBike Marathon ist das bekannteste und größte Mountainbike-Event in Deutschland. Er findet jedes Jahr im September statt, Start und Ziel sind der Marktplatz in Daun. Die Vulkanlandschaft mit ihren Maaren und Aussichtspunkten bietet die perfekte Kulisse für das Event. Etwa 2000 Radsportbegeisterte nahmen 2021 teil und auch Zuschauer haben ihre Freude daran. Fünf Strecken zwischen 20 und 100 km Länge stehen jedes Jahr zur Wahl, verschiedene Altersklassen sind zugelassen und außerdem gibt es eine E-Bike Challenge von 38 km.

Mit einer Gesamtlänge von 176 Kilometern und 3900 Höhenmetern ist der Stoneman Arduenna eine sportliche Herausforderung für Mountainbiker. Die beschilderte MTB-Rundtour ist kein Rennen. Je nach Kondition kann die Strecke in 1–3 Tagen bewältigt werden. Wer das schafft, wird auf der Website stoneman-arduenna.com als Finisher gelistet und gewinnt eine Stoneman-Trophäe. Die Tour durch die ostbelgischen Ardennen ist so zusammengestellt, dass die besonderen Reize der Landschaft, wie das Hohe Venn, die weiten Wälder und die idyllischen Täler „erfahren“ werden. Die Stoneman Arduenna-Saison geht von Mitte April bis Mitte September.

*Der MTB-Parcours in der Koulshore ist Teil des VulkanBike Trailparks in der Vulkaneifel*

## Tipps und Links

eifel.info/radfahren

ostbelgien.eu/de/fahrrad

ravel.wallonie.be Ravel – „Réseau Autonome de Voies Lentes" oder „Autonomes Netz für langsam fließenden Verkehr" in Belgien

aevv-egwa.org mit Grüne Wege oder Greenways werden weltweit Infrastrukturen benannt, die dem nicht-motorisierten Verkehr vorbehalten sind. Die „Europäische Vereinigung für Grüne Wege" setzt sich für ihre Förderung ein.

eifel.info/a-maare-mosel-radweg oder maare-moselradweg.de

naturpark-suedeifel.de/a-eifel-ardennen-radweg der Eifel-Ardennen-Radweg

eifel.info/a-eifel-hoehen-route Eifel-Höhen-Route

www.eifel-direkt.de/a-suedeifel-tour eine Runde durch die Südeifel

**MTB- und Rennradtouren**

ostbelgien.eu/de/fiche/biking/rennrad-tour-der-legendaren-steigungen Rennradtour der legendären Steigungen, 135 km

ostbelgien.eu/de/fiche/biking/ourtal-route-ostbelgien Ourtalroute für Rennrad, 110 km

vulkan.bike/trailpark-infos/ die Vulkaneifel ist eine der bekanntesten Bikeregionen Deutschlands, 750 km

eifel.info/radfahren/mountainbike/mountain-bike-routen-freifahrt-eifel Mountainbiken in der Rureifel

radarena.de Touren rund um den Nürburgring

vulkan.bike/koulshore-technik-parcours MTB-Parcours in der Vulkaneifel

**Radbusse** – bitte informieren Sie sich vor der Fahrt über die Details (nicht immer können z.B. E-Bikes mitgenommen werden).

radbusse.de/pages/radbusse/eifel/eifel-ardennen-465.php Radbus 465 zwischen St. Vith und Gerolstein

radbusse.de Radbusse in Rheinland Pfalz

nordeifel-tourismus.de/aktivzeit/wandern/wanderbusse Rad- und Wanderbusse in der Nordeifel

avv.de/de/fahrradbus Fahrradbusse des Aachener Verkehrsverbunds

**Fahrradverleih**

ostbelgien.eu/de/fahrrad Verleihstationen in Ostbelgien

nordeifel-tourismus.de/aktivzeit/radfahren/verleih-service in der Nordeifel

ebike-eifel.de/stationen/ Südwesteifel

gesundland-vulkaneifel.de Vulkaneifel

# *Trailrunning – ein Kurs für Einsteiger*

Für diesen „Einsteigerkurs" sollte man allerdings bereits in der Lage sein, eine Stunde auf normalen Wegen zu laufen. Wir treffen uns auf einem Wanderparkplatz beim Belgenbachtal in der Nähe von Monschau. Holger Lapp läuft seit über 14 Jahren mit großer Leidenschaft, hat bei vielen internationalen Ultratrails und Ultramarathonläufen mitgemacht und ist absolut kompetent im Bereich Trailrunning.

Holger Lapp muss den Leuten nicht erst nahebringen, wie schön, aufbauend und im positiven Sinn herausfordernd es ist, zu laufen. Alle haben schon in irgendeiner Form Feuer gefangen für Trailrunning, für das Laufen in der Natur, auf möglichst naturbelassenen, schmalen, steinigen, wurzeligen Pfaden, die – je nach Wetterlage – ruhig auch mal nass oder vereist sein dürfen. Er beginnt deshalb auch direkt mit praktischen Tipps für das Kleidungsstück, dem beim Laufen eine herausragende Bedeutung zukommt, dem Laufschuh.

Für erste Versuche sind auch normale Laufschuhe geeignet. Die Anforderungen an Trailrunning-Schuhe sind allerdings speziell. Der Untergrund kann z.B. sowohl sehr steinig als auch matschig sein, glatt oder mit dornigem Gestrüpp überwuchert, erhitzt oder vereist. Der wichtigste Teil des Schuhs ist die aus verschieden Schichten aufgebaute Sohle. Holger zeigt zwei sehr unterschiedliche Ausführungen. Eine hat ein stollenartiges Profil, bei dem die Zwischenräume nach außen hin breiter werden. So können sie sich nicht mit Erde zusetzen, ein Selbstreinigungseffekt tritt ein.

Normale Laufschuhe sollten möglichst leicht sein, Trailrunning-Schuhe können etwas schwerer sein und dafür robuster. Bei der Anprobe von Laufschuhen wird in einem guten Fachgeschäft der Auftritt gemessen – beim Trailrunning ist dieser Punkt weniger wichtig, da er abhängig vom Untergrund bei jedem Schritt anders ist. Die Dämpfung dagegen spielt bei sehr steinigen Wegen eine besondere Rolle. Deshalb muss die Sohle fest und robust sein, aber nicht steif. Carbon-Platten sind die neueste Hightech-Strategie der Hersteller von Laufschuhen, für Trailrunner muss sich der Vorteil dieser Technik noch herausstellen. Grip, Sprengung, Pronation, Traktion, Zehenbox, … es gibt erstaunlich viele Fachbegriffe! Grundsätzlich gilt, dass vorne im Schuh viel Platz sein muss, da der Fuß bei langen Läufen größer wird.

Ideal wäre es natürlich, wenn man einen Schuh vor dem Kauf testen könnte, was bei normalen Laufschuhen durchaus angeboten wird. Trailrunner, die einen Laufschuh im Gelände testen, können jedoch nicht erwarten, dass ihn ein Händler zurücknimmt.

Holger empfiehlt zwischen mehreren Schuhen zu wechseln, da jeder Schuh den Fuß auf andere Weise trainiert und die Schuhe selbst auch Erholungszeiten brauchen.

In der Gruppe taucht die Frage taucht auf, ob Barfußschuhe geeignet sind. Holger meint, man sollte sich gegebenenfalls langsam an sie gewöhnen, da sie die Fußmuskulatur stärker beanspruchen. Vor allem die Achillessehne wird strapaziert und dem großen Zeh kommt eine besondere Bedeutung bei der Stabilisation zu. Er selbst ist großer Fan solcher Schuhe.

Welche Ausrüstung ist ansonsten notwendig oder sinnvoll? Ein guter Lauf-Rucksack ähnelt einer Weste und bietet Platz für ein Handy, ein Erste-Hilfe-Set, Verpflegung und ein Getränk. Der Boden normaler Trinkflaschen würde

*Holger Lapp*

drücken, deshalb gibt es spezielle Soft-Wasserflaschen, sogenannte Softflask, mit abgeflachtem Boden. Eine wetterfeste und sehr leichte Laufjacke ist oft sinnvoll. Bei ultraleichte Jacken steht der Preis leider im umgekehrten Verhältnis zum Gewicht. Es gibt Regenjacken, die man sogar über den kleinen Laufrucksack ziehen kann, somit bleibt alles darin auch trocken. Laufbrillen schützen nicht nur vor Sonne, sondern auch vor Insekten und Ästen. Es gibt Sportbrillen mit eingebautem Clip für eine individuelle Sehstärke. Ein kleines Schlauchtuch macht ebenfalls Sinn. Es kann als Hals- oder Kopftuch verwendet werden.

Das Handy ist ein unerlässlicher Begleiter um notfalls Partner zu benachrichtigen, denn ein Polizeieinsatz mit Hundestaffel kann teuer werden! Da Internet nicht überall verfügbar ist, empfiehlt Holger die Komoot-App (30€), mit der sich die GPS- Touren-Daten auch offline speichern lassen. Google Maps ist in Bezug auf Wanderwege und Pfade oft unzureichend. Die GPS-Navigation dagegen benötigt keine Internetverbindung. Das liegt daran, dass sie nicht das Mobilfunknetz nutzt, sondern Satelliten.

Manche Sportuhren können GPS-Daten anzeigen und verfügen ebenso wie Handys sogar über eine Tracking-Funktion (z.B. mit der Garmin-App). Sie macht es möglich, dass ein Partner zuhause die Position mitlesen kann.

Und jetzt geht es hinein in die Landschaft – genauer gesagt: hinunter ins Belgenbachtal. Das erste Stück ist noch eine Forststraße. Seitlich führt ein steiniger Pfad nach oben, ideal um Down- und Uphill-Techniken auszuprobieren! Einige versuchen es, die anderen beobachten und gemeinsam werden Strategien besprochen.

Bergauf zu laufen ist für den Stoffwechsel anstrengend. Holger empfiehlt, lieber schnell bergauf zu gehen und, wenn möglich, die Hände auf den Oberschenkeln abzustützen. Bergab ist höchste Konzentration gefragt und, um die Balance zu halten, machen die Arme automatisch rudernde Bewegungen. Der Laufstil verändert sich also von ganz alleine. Die Belastung auf den Gelenken der Beine ist bergab etwa dreimal so hoch wie bergauf. Deshalb: kleine Schritte machen.

Die Laufschuhe dämpfen zwar, dennoch sollte man bergab möglichst mit dem Vorderfuß, bzw. mit ganzem Fuß auftreten. Je nach Gefälle oder bei Wurzeln, Stufen, Felsen oder Nässe muss die Lauftechnik sofort angepasst werden. Das ist es, was Trailrunning so herausfordernd und spannend macht! Balance und Koordination sind hier wesentlich wichtiger, als beim Lauf auf einer Straße. Der Leistungsgedanke steht dabei nicht so sehr im Vordergrund. Alle verbindet die Freude an einem kleinen oder größeren Abenteuer und die Liebe zur Natur.

**Holger Lapp** lebt seit 1985 in der Eifel und arbeitet als Beauftragter für Qualitäts- und Umweltmanagement und Datenschutz bei einem internationalen Unternehmen. Vor über 14 Jahren hat er angefangen zu laufen. Zusammen mit einem Team

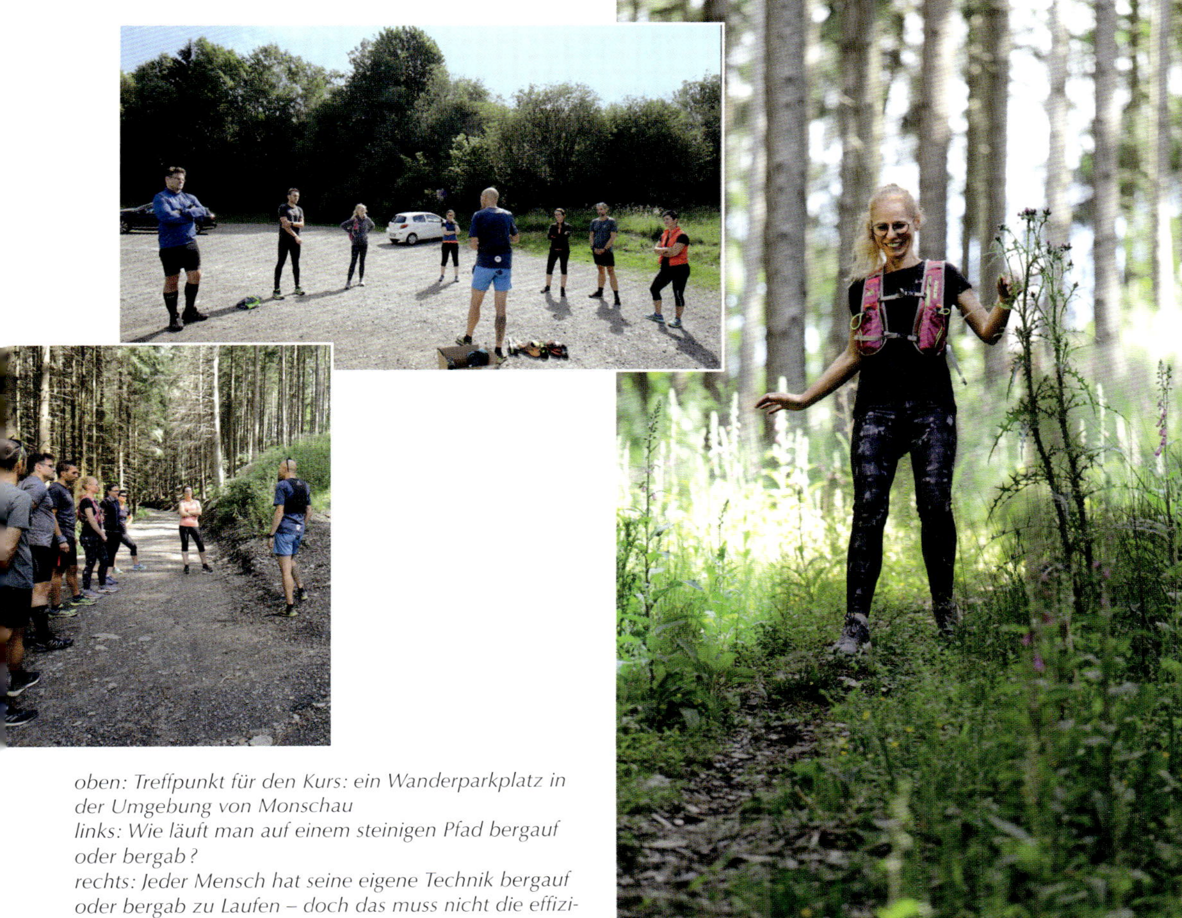

*oben: Treffpunkt für den Kurs: ein Wanderparkplatz in der Umgebung von Monschau*
*links: Wie läuft man auf einem steinigen Pfad bergauf oder bergab?*
*rechts: Jeder Mensch hat seine eigene Technik bergauf oder bergab zu Laufen – doch das muss nicht die effizienteste sein. Holger Lapp hat gute Tipps.*

von anderen begeisterten Trailrunnern betreibt er das online-Magazin trampelpfadlauf.de, in dem Lauf-Termine, Blogs und viele Tests zu Sportausrüstungen zu finden sind. Holger bietet Einsteigerkurse an, geführte Trailtouren durch die Eifel, Nachtläufe, spezielle Touren und Ultratrails. 2021 ist er den Eifelsteig (313km) als Ultratrail in 52 Stunden und 49 Minuten gelaufen.

Er hat 2016 im Verlag Meyer & Meyer das Buch „Trailrunning-Guide Nordeifel" veröffentlicht.

**Was ist …**

**Trailrunning:** Langstreckenlauf abseits asphaltierter Straßen, seit 2015 vom Leichtathletik-Weltverband als offizielle Disziplin anerkannt

**Cross-Trail:** Lauf auf Wegen und Pfaden in besonders schwierigem Gelände, auch ein abgesteckter Parcours von 1 – 2 km Länge

**Ultratrail** (auch Ultralauf oder Ultrmarathon): ein Langstreckenlauf, der länger ist, als eine Marathonstrecke (42,195 km)

**Skyrunning:** Berglaufen auf extrem anspruchsvollen Trails

## Tipps

trampelpfadlauf.de aktuelle Veranstaltungen, Testberichte und weitere Infos

trailrunning.de Veranstaltungskalender für alle, die gerne an Lauf-Events teilnehmen möchten

# Die Glockengießerei aus Brockscheid

## ...im Wandel der Zeit

Bereits 1620 lassen sich Glockengießer aus der Familie Mark nachweisen. Damals hatten sie keine feste Werkstatt, denn fertige Glocken waren aufgrund ihres Gewichts nur schwer zu transportieren. Deshalb stellten die Glockengießer sie direkt vor Ort her. Mit der Verbesserung der Verkehrssysteme war es möglich 1840 einen festen Firmensitz in Brockscheid in der Vulkaneifel einzurichten. Das Wissen um die Kunst des Glockengießens wurde von Generation zu Generation innerhalb der Familie weitergegeben.

*Bottiche mit der besonderen Lehmmischung*

*Der Aufbau einer Glockenform, außen ist die Schablone zu sehen, mit deren Hilfe die Form präzisiert wird.*

2009 gab es in der Generationenfolge dieses sehr traditionellen Handwerks eine Sensation: europaweit erstmalig übernahm in der 6. Generation eine Frau, Cornelia Mark-Maas, als Metall- und Glockengießermeisterin die Leitung der Gießerei. Julius Maas, ihr Sohn, folgte ihr schrittweise in den 2010er Jahren, in einer Zeit, in der Kirchen zunehmend geschlossen und keine neuen mehr gebaut wurden. Der Auftragseingang für die Glockengießerei reichte schließlich nicht mehr aus, um das Unternehmen wirtschaftlich rentabel zu führen. Julius Maas entschloss sich, den Schwerpunkt der Arbeit zu verlagern und gründete den Eifeler Glockenservice, der heute seinen Sitz im nahegelegenen Schalkenmehren hat. Wartung, Instandhaltung, Reparaturen und Sanierung von Glockenanlagen und Turmuhren sind heute der Schwerpunkt seines Unternehmens.

Eine Weile war nicht klar, wie es mit der seit Ende 2019 insolventen Glockengießerei in Brockscheid weitergehen könnte. Eine Besichtigung der Brockscheider Glockengießerei war immer eine große Attraktion für Touristen gewesen, ebenso eine geschätzte Station auf dem Maare-Mosel-Radweg.

Nach 1945 gab es noch 20 Glockengießereien in Deutschland, doch Neubauten von Kirchen sind sehr selten geworden. Die wenigen Glockengießereien, die heute noch existieren, haben ihr Angebotsspektrum verändert und erweitert, z.B. auf Kunstguss, 3D Druckverfahren und die Pflege und Wartung der Glocken. Auf Letzteres hat sich auch Julius Maas spezialisiert, nachdem die Brockscheider Glockengießerei Insolvenz anmelden musste.

Die SB Agrar- und Forsttechnik GmbH erwarb das Gebäude der Gießerei. Die neuen Besitzer, Simon und Stefan Burgard, nutzen den Großteil

oben: Im Gießofen wird die Legierung aus 78% Kupfer und 22% Zinn auf 1150°C erhitzt. Die Gussrinnen werden durch glühende Holzkohle heiß gehalten. Am Ende der Gussrinnen wird das Metall in die darunterliegenden Glockengussformen fließen.

links: Die Gussformen sind rechts neben dem Schmelz- und Gießofen im Boden eingebaut. Im Vordergrund sind die Sockel alter Gussformen zu sehen

der Räumlichkeiten als Lager für forstwirtschaftliche Geräte und Büros. Sie haben den Plan, ein Glockengießer-Museum mit Café einzurichten, um Besuchern das traditionsreiche Handwerk der Glockengießerei nahezubringen. Es soll dort auch weiterhin die Möglichkeit bestehen, in kleinem Umfang Glocken zu gießen.

Am 14. Dezember 2019 wurden zu letzten Mal in der Brockscheider Gießerei einige Glocken gegossen. Die größte dieser Glocken wurde für die neu gebaute Lambertuskapelle von Morschenich-Neu erstellt. Morschenich ist ein Ortsteil der Gemeinde Merzenich, der dem Tagebau Hambach weichen sollte. Zwar verzichtete 2020 der Tagebaubetreiber RWE auf eine Abbaggerung Morschenichs, doch seit 2015 wurden die Bewohner in den neue entstehenden Ort Morschenich-Neu umgesiedelt. Die neue Glocke sollte sich harmonisch in das Glockenspiel aller Glocken der Gemeinde Merzenich einfügen. Eine besondere Herausforderung für die Glockengießer! Nur mit großer Erfahrung ist es möglich, den Klang einer Glocke vorab zu bestimmen.

Alle, die es jemals erleben durften, wie das flüssige, glühende und Funken sprühende Metall aus dem Gießofen in Kanäle auf dem Boden geleitet wird, um dann nach unten in die Glockenform zu fließen, werden dieses unvergleichliche, archaische Erlebnis in Erinnerung behalten.

## Die Herstellung einer Glocke

Viele handwerkliche Schritte sind notwendig, um eine Glocke zu erstellen und alles ist ausschließlich Handarbeit. An diesem Prozess hat sich seit Jahrhunderten nur sehr wenig geändert. Aus mündlich übermittelter Erfahrung weiß der Glockengießer, wie dick eine Glocke sein muss,

*Sobald das Messing die richtige Temperatur hat, wird die Holzkohle aus den Gussrinnen entfernt, der Ofen geneigt und das glühende Metall fließt. Absolute Stille (bei den Zuschauern) und höchste Konzentration sind jetzt unerlässlich. Mit den Stangen kontrollieren die Glockengießer den Metallfluss.*

um bei einer bestimmten Größe einen bestimmten Klang zu erzeugen. Von der Planung bis zur fertigen Glocke kann – je nach Größe des Objekts – bis zu einem Jahr vergehen. Erst dann kann der Glockengießer hören, ob seine Erwartungen erfüllt werden.

Jede traditionell gegossene Glocke ist ein Unikat. Der Klang einer Glocke ist eine sehr komplexe Sache, denn er besteht aus einem Schlagton und vielen Teiltönen, die jeweils unterschiedlich lange nachklingen. In der Summe entsteht ein für jede Glocke typischer Zusammenklang, eine Klangfarbe. Ein Klang, der seit über tausend Jahren charakteristisch ist für das abendländische Europa.

## Eine kurze Kulturgeschichte der Glocke

Wahrscheinlich wurden die ersten Glocken vor etwa 5000 Jahren in China hergestellt. Dort spielten Handglocken bei kultischen und religiösen Handlungen eine wichtige Rolle. Konfuzius berichtet, dass der Hohlraum einer Glocke sogar als Maßeinheit diente.

Der indische Buddhismus entwickelte eine Vorliebe für große Glocken. Als Attribute für Reittiere wurden Glöckchen in Mesopotamien und Vorderasien geschätzt. Ihr Klang sollte Götter besänftigen und Dämonen bannen. Im Alten Testament wird

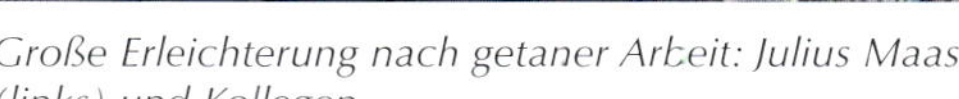

*Große Erleichterung nach getaner Arbeit: Julius Maas (links) und Kollegen.*
*Nach einer Abkühlzeit von bis zu einer Woche kann die Glocke aus der Form geholt werden. Erst dann stellt sich heraus, ob der Guss gelungen ist.*

erwähnt, dass Glöckchen den Rocksaum des Hohepriesters zierten.

Im Christentum geschah die erste bekannte Nutzung der Glocke als liturgisches Instrument zu Beginn des 4. Jahrhundert durch koptische Mönchsgemeinschaften aus der ägyptischen Wüste.
Mit der Christianisierung durch Wandermönche entstanden im 7. Jahrhundert in Europa zahlreiche Klöster und mit Ihnen verbreitete sich die liturgische Nutzung der Glocken.

Anfang des 8. Jahrhunderts wurden in schriftlichen Dokumenten Vorläufer der Glockentürme erwähnt: kleine, offene Türme mit Glocken, die durch Seile bewegt wurden. Der Vorteil der Vorrichtung: das Glockengeläut war über große Distanzen hinweg zu hören.

Seit der Romanik wurden Glockentürme sowohl im Zusammenhang mit Kirchen und Klöstern, als auch für weltliche Gebäude eingesetzt. Glocken dienten als weithin hörbare Kommunikationsmittel, indem sie die Zeit verkündeten sowie Gottesdienste, Hochzeiten oder Beerdigungen ankündigten. Heraufziehendes Unwetter wurde durch Wetterläuten gemeldet und rief Hilfskräfte zum Feuerlöschen zusammen.

Eine neue Situation entstand mit der Entwicklung der Kanone Ende des 13. Jahrhunderts. Das Metallgemisch aus Kupfer und Zinn eignete sich ebenso zur Herstellung von Glocken, als auch für Kanonen. Allein im Ersten Weltkrieg wurden etwa 65.000 deutsche Glocken als Metallreserve eingeschmolzen. Glockengießer waren seit der Erfindung der Kanone immer auch „Stückgießer". Christian Morgenstern (1871 – 1914) bezieht sich darauf in seinem Gedicht „Die Schwestern", in dem die Kanone zur Glocke spricht:

*Heute sind sie dein und beten,*
*morgen sind sie mein und – töten.*
…

## Tipps & Infos

glockengiesser.de
glocken-online.de
„Silentio– eine Aufführung der Kreativ-Kompanie des Theater K im LudwigForum Aachen, 2020, mit einem Videobeitrag von Loni Liebermann aus Aufnahmen vom Funkenflug in der Glockengießerei. Anzusehen unter
youtube.de/29ZxW2Xw04w

**Impressum**


ISBN 978-3-943123-43-2

Besuchen Sie uns im Internet: www.eifel-verlag.de

Gestaltung und Satz: Gabriele Nohn-Steinicke, Wittlich

Titelfoto: Tony Joe Gardener
Fotos: Loni Liebermann, ausser:
Bardenhagen S. 115
Achim Gaasterland: 4ul, 14 ul, 19,28o,33o,79, 92/93, 94um
Gabriele Nohn-Steinicke: 4H, 6, 9o, 10o, 14ur, 14H, 19H, 24/25H, 24ur, 26u, 26/27o, 27 2x u, 33ul, 40l, 42, 50 2x o, 56m, 57m, 68u,73u, 74l, 75o, 94ur, 96/97H, 111u, 121o